Die Weine des Languedoc-Roussillon

FALKEN Vinum

Die Weine des

V i n o t e c a

Languedoc-Roussillon

Rolf Bichsel

Ein Weinland, zum Träumen schön

Wie eine Weinregion von der Masse zur Klasse fand

Seite 8

Der Weg zum Wein Ihrer Wünsche

Was die Weine aus Frankreichs Süden so einzigartig macht und wie die Wahl nicht zur Qual wird.

Seite 14

Wein für jeden Geschmack

Von fruchtigen Weißen und Rosés, saftigen Rotweinen, frischen Schaumweinen und den verführerischsten Süßen des Südens.

Seite 30

Die kulinarischen Hochzeiten

Von den kulinarischen Köstlichkeiten der Region und der Wahl der passenden Weine.

Die schönsten Güter, die besten Weine

Ein Führer durch die Weinszene des Languedoc-Roussillon, von den renommiertesten Weinproduzenten bis zu den Geheimtipps.

Gut einkaufen, klug einkellern, richtig servieren

Eine praktische Anleitung, wo Sie die Weine Ihrer Wünsche am besten einkaufen und wie Sie damit umgehen.

Weinrevolution in Frankreichs Süden

Noch Mitte der achtziger Jahre war die Region, die sich vom Golfe du Lion bis zu den Pyrenäen erstreckt und von den Ausläufern des Zentralmassivs bis zum Mittelmeer, und wo schon die Römer in großem Stil Wein anbauten, vor allem als Produzent eines riesigen Massenweinsees bekannt, mit ein paar wenigen Inseln der Qualität, die in der Fülle zu ersaufen drohten. Winzerstreiks gehörten zur Tagesordnung, Brüssel verteilte Ausreißprämien und die Rebensäfte der Region waren gerade gut genug, um offen über den Tresen schummriger Bars geschoben zu werden. «Du gros rouge qui tache» nannte man in Frankreich verächtlich die Weine des Südens, «fetter Rotwein, der Flecken macht», weil sie Zunge und Gaumen violett färbten und die Tischtücher, die nach einer üblen Zecherei einfach nicht mehr sauber zu kriegen waren.
Die ausgezeichneten natürlichen Voraussetzungen der Region lagen lange brach, weil es an Winzern fehlte, die sie nutzten. Eine andere friedliche Revolution, die von 1968, hat der Region neues Blut gebracht – Aussteiger aus allen möglichen Ecken Frankreichs, die hier ihr Paradies auf Erden leben wollten. Einige von ihnen – und nicht die schlechtesten – sind am Wein hängen geblieben und haben eine neue Kategorie geschaffen: den großen Wein des Languedoc-Roussillon.

Pierre Clavel, Winzer

Ein Weinland, zum Träumen schön

Eine der spannendsten, abenteuerlichsten Weingegenden der Welt erwartet sie. Touristisch hat die Sonnenstube Frankreichs einiges zu bieten, und was den Wein anbelangt, finden hier gerade Einsteiger Großartiges zu vernünftigem Preis – und dabei doch in unwahrscheinlicher Vielfalt. Damit hat sich der Süden Frankreichs innerhalb kürzester Zeit als preisgünstige Alternative zu den teuren Burgundern und Bordeaux etabliert.

Durchquert haben es viele, angehalten nur wenige – die Region Languedoc-Roussillon ist Durchfahrtsland. Ein viel befahrenes Autobahndreieck verbindet Bordeaux und Toulouse mit Montpellier und dieses mit Perpignan und Spanien. Hie und da durchpflügt die Betonschlange, die Kohorten von vollbepackten Lastzügen vom Süden in den Norden geleitet und sonnenhungrige Touristen den umgekehrten Weg, auch ein paar Rebenfelder – die eigentlichen Qualitätsanbaugebiete des Weins jedoch berührt sie kaum. Da muss man sich schon etwas anstrengen, den kürzesten Weg zwischen grauem Alltag und süßem Nichtstun verlassen. Die Region will entdeckt sein, in der dicht besiedelte Städte mit wuchernden Vororten und überlaufene, lärmige Badeorte ebenso einsame Höhenzüge und verschlafene, von Gott und der Welt verlassene Dörfer in romantischen Tälern, deren sonnenverwöhnte, karge Hänge mit Reben und Olivenbäumen bestockt sind, friedlich nebeneinander existieren.

Zwanzig Jahre lang war Tourismus im Languedoc und im Roussillon Badetourismus an der Côte Vermeille oder den Stränden von Palavas, Le Grau du Roi oder la Grande Motte. Für das Hinterland interessierte sich

Die Anfänge des Weinbaus im Languedoc-Roussillon:

Im 5. Jh. v. Chr. beginnen die Griechen mit dem Weinbau.

118 v. Chr. gründet der römische Konsul Domitius Ahenobarbus die Provinz Gallia Narbonnensis. Die römische Oberschicht lässt Wein in großem Stile anbauen.

92 nach Christus verbietet Kaiser Domitian den Anbau neuer Reben und verfügt die Hälfte des Rebbestandes zu vernichten.

Stationen der Geschichte:

Ab dem 9. Jahrhundert n. Chr. werden zahlreiche Klöster gegründet. Diese lancieren den Weinbau neu.

Mittelalter und Renaissance sind bewegte und kriegerische Zeiten im Languedoc. Zum eigentlichen Aufschwung kommt es im 17. und 18. Jahrhundert. Die Weine werden auf dem Wasserweg in die ganze Welt verschifft.

In der zweiten Hälfte des 19. Jahrhunderts stellt die Region ganz auf Massenproduktion um. Die Reblaus-Invasion machte viele Anstrengungen zu nichte.

kaum jemand. Anders als in der nahen Provence, wo die Tourismusplaner nichts unversucht ließen, den Weg ans Meer mit einer Fülle von verlockenden Sehenswürdigkeiten zu verlängern, blieben die touristischen Schätze hier lange ungehoben. Dabei ist die Region zwischen Montpellier, Toulouse und der spanischen Grenze damit nicht weniger reich beschenkt. Lange galt das Languedoc-Roussillon daher als kulturtouristischer Geheimtipp. Wer dessen Sehenswürdigkeiten entdeckte, hütete sie eifersüchtig, vielleicht aus Angst, sie bald einmal so überlaufen zu sehen wie die Pilgerstätten der Provence.

Zum Glück vielleicht. Von der Aura als Reisedestination für Kenner haben nicht zuletzt die Weine profitiert. Tut sich die Provence heute schwer damit, den Ruf als Erzeuger von platten Ferienweinen abzustreifen und als Qualitätsweinregion ernst genommen zu werden, haben Languedoc und Roussillon in aller Stille ihre Qualitätsrevolution vorbereiten können.

Und der Zeitgeist hilft dabei kräftig mit. Wer genug hat von der von Touristenscharen annektierten Toskana, der «abgegrasten» Provence oder dem Badetourismus überhaupt, geht auf die Suche nach neuen Reizen und findet sie bestimmt in dieser von der Geschichte und der Natur so reich beschenkten Region. Da gibt es romanische Kirchen und Klöster zu beschauen, Templerfestungen zu erobern und Katharerschlösser zu erklettern, Trutzburgen aus dem Mittelalter, auf einsamen Felsgipfeln besonders der Corbières gelegen – die Wanderung

Romanische Kapelle bei Pezenas. Das Languedoc-Rousssillon ist besonders reich an pittoresken Zeugen der Vergangenheit.

Blick aufs Mittelmeer in der Nähe von Banyuls. Eine der Besonderheiten der Region ist die Nähe von Meer und Gebirge. Die Reben wachsen hier an künstlich angelegten, schmalen und steilen Terrassen. Meerwind und sengende Sonne sorgen für besonders gehaltvolle, zuckerreiche Trauben.

allein ist ein Genuss, und wenn man auf einem dieser Gipfel thront, die schneebedeckten Pyrenäen im Rücken und den Wind des nahen Mittelmeers im Gesicht und unter sich die steinernen Zeugen einer bewegten Vergangenheit, wird man ein metaphysisches Gruseln kaum unterdrucken können.

«Cuvée mythique», sagenhafter Wein, heißt ein ausgezeichneter Tropfen der Vertriebsgesellschaft Val d'Orbieu und illustriert sehr schön, dass die Winzer der Region mittlerweile sehr gut um die besondere Anziehungskraft ihrer Region wissen und durchaus gewillt sind, daraus Kapital zu schlagen. Vorerst tun sie dies mit Weinen, die der natürlichen Vielfalt der Region und der Qualität verpflichtet sind – also soll uns dies nur recht sein.

Natürliche Vielfalt und Qualität sind zweifellos die beiden großen Argumente der Region, ob dies nun die Geschichte, die Naturschätze, die Baudenkmäler, die kulinarischen Spezialitäten oder eben den Wein be-

Das Languedoc-Roussillon im Zahlen:

Mit 300 000 Hektar Rebfläche das größte zusammenhängende Anbaugebiet der Welt.

Gesamtproduktion: knapp 20 Millionen Hektoliter jährlich

Davon aus kontrollierter Herkunft AOC: rund 15 Prozent oder 3 Millionen Hektoliter

Davon Rotwein AOC: rund 80 Prozent oder 2,4 Millionen Hektoliter

trifft. Dem Überflieger präsentiert sich die Region als felsiges Band zwischen Zentralmassiv und Mittelmeer – eine trostlose, verlassene, nur dünn besiedelte Gegend, von den Großstädten Montpellier, Narbonne, Perpignan und Béziers und ihren Agglomerationen einmal abgesehen. Wer jedoch hineintaucht, entdeckt eine ganz neue, pittoreske, farbenfrohe Welt.

Lassen Sie sich von einem Verantwortlichen einer Region deren Weine erklären, etwa im Mas Saporta bei Montpellier, einem aus dem 15. Jahrhundert stammenden Landgut, heute unweit des Autobahnzubringers der Stadt, wo die Dachorganisation der Languedoc-Winzer ihren Sitz hat und wo man nicht nur gut regional speisen, sondern auch zu besten Bedingungen Wein einkaufen kann. Reservieren sie sich aber genügend Zeit dafür! Denn da wird man Sie plötzlich auf feinste Unterschiede zwischen verschiedenen Weinbergsböden aufmerksam machen, Ihnen die vorherrschenden Winde erklären wollen und die subtile Komposition des Weins aus mehreren Traubensorten... Tauchen Sie Ihre Nase in das Glas Rotwein, das man ihnen reichen wird. Ein Duftabenteuer sondergleichen erwartet Sie, Vielfalt auch hier, im engen Rahmen eines Glases! Südweine sind Nasenweine. In die bekannten Aromen von reifen Beeren mischen sich zusätzlich solche von Gewürzen und Kräutern (Rosmarin, Thymian, Wacholder, Lakritze, wird man Ihnen erklären, Düfte, die an von der Sonne beschienenes Geröll erinnern, Zimt und Ingwer, Schokolade und Feige, Quitte und Orange, Olive und Mandel) und Sie wären versucht, zu lächeln ob dieser Wortklauberei, würde Ihnen nicht genau diese Duftkomponenten aus dem Glas entgegenströmen. Im Mund aber ist ganz Samt und Fülle, was Ihnen über den Gaumen geht. Von der südlichen Sonne ver-

Orientalische Düfte im Wein

wöhnt, besitzen die Weine des Languedoc nur selten die intellektuelle, verschlossene, um nicht zu sagen, verdrießliche Art vieler Bordeaux oder Burgunder. Sie sind pure Freude und schieres Vergnügen…

Tafeln Sie in Burgund oder in Bordeaux im Spitzenrestaurant mit exakt auf die Speisen abgestimmten Weinen der Region. Sie werden ihre Ferien abkürzen müssen, weil Sie das Pulver, das eigentlich für eine Woche hätte reichen sollen, an einem einzigen Abend verschossen haben.

Ganz anders im Süden. Für 10 Euro kriegt man (im Restaurant) einen guten regionalen Wein zum Entrée, für 30 einen reifen Spitzenwein zum Hauptgang, und für 20 einen Schaumwein allererster Qualität oder einen der zu wenig bekannten und doch so einzigartigen Süßweine zum Dessert.

Und dies ist das letzte der vielen Argumente, die für die Weine aus dem Languedoc-Roussillon sprechen: deren Zugänglichkeit, nicht nur, was die Machart, sondern auch, was den Preis betrifft. Alle Weine der Region munden schon in ihrer Jugend ausgezeichnet, notieren Jahr um Jahr zuverlässig (die komplizierten Jahrgangstabellen der Bordeaux kann man sich schenken) und kosten nie ein Vermögen.

Marc Parcé von Domaine de la Rectorie in Banyuls ist ein Winzer von echtem Schrot und Korn. Seine süßen Banyuls und seine saftigen trocken ausgebauten Collioure sind Weine, wie man sie nur im Süden findet: Geheimnisvoll duftende, vollmundige Kreszenzen von geradezu biblischem Charakter.

Mas Amiel
Mas Amiel

Der Weg zu Ihrem Traumwein

Was immer Sie suchen in Sachen Wein – Sie finden es im Languedoc-Roussillon! Die Region produziert so gut wie jeden Stil von Wein, vom einfachen, süffigen Rosé oder Roten bis zum gehaltvollen Lagerwein.

Für eine Wahl ohne Qual

Wer etwas finden will, muss wissen, was er sucht. Auf die Weine des Languedoc bezogen heißt das: sich zurechtfinden im großen Angebot, lernen, was die Qualität eines Weins ausmacht, aber auch seinen eigenen Geschmack ergründen, seine Vorlieben bestimmen und seine Bedürfnisse erkennen.

Weine aus dem Languedoc gibt es buchstäblich für alle Gelegenheiten. Nachfolgende Angaben sollen Ihnen helfen, den richtigen Wein für ihren Geschmack zu finden.

Was die Güte eines Weins bestimmt

Grundsätzlich sind es vier Faktoren, welche den Typ und die Güte eines Weines bestimmen:

1. die Rebsorte und deren Trauben,
2. das Klima und der Boden, die in der Weinsprache mit dem Begriff «Terroir» bezeichnet werden,
3. das Können von Winzer und Weinmacher,
4. die Eigenheiten eines Jahrgangs.

Alles in allem aber ist es zum guten Ende das Zusammenwirken all dieser Elemente.

Die nebenstehenden Symbole werden Sie durch diesen Band und die ganze Buchreihe Vinoteca führen. Über die Qualität der Weine informiert die Anzahl Sterne von ★ bis ★★★★★.

Die Summe der vier Faktoren ergibt die Weinqualität

Traubensorte

Terroir

Winzer

Jahrgang

Weinqualität ★

Vier Fragen leiten die Weinwahl

Um «Ihren» Wein zu finden, sollten Sie Ihre Wünsche und Erwartungen nach folgenden Kriterien prüfen:

Welches sind meine Vorlieben? Rot oder weiß? Sanft oder herb? Leicht oder schwer? Subtil oder wuchtig?

Ist der Wein zum sofortigen Trinken oder zum Lagern bestimmt?

Zu welcher Gelegenheit soll er passen? Zum einfachen, kalten Imbiss, zu alltäglichen Gerichten oder zum Festmahl?

❶–❺ Was ist mir das Vergnügen wert?

Mittels Ihrer Antworten und den entsprechenden Symbolen werden Sie in diesem kleinen Ratgeber zum Wein oder zu den Weinen Ihrer Wünsche geleitet.

Ausgezeichnete Weine für jeden Geschmack

Leichte, fruchtige Rotweine keltern die meisten Winzer und die vielen Winzergenossenschaften. Einfache Rotweine gibt es auch aus biologischem Anbau. Schöner, reifer Rotwein der eleganten Art kommt aus Cabrières, Fougères, den Corbières und den Côtes du Roussillon.

Kräftiger, vollmundiger Rotwein wird in la Méjanelle, Pic Saint Loup oder Montpeyroux produziert. Schwerer, reicher Rotwein ist die Spezialität von Fitou und den Coteaux du Languedoc.

Einfachen, trockenen Weißwein keltert man in la Clape und Picpoul de Pinet. Schaumwein in Champagnerqualität hält die Winzergenossenschaft von Limoux feil. Süße Weine kommen aus Lunel, Frontignan, Mireval, Saint-Jean du Minervois, Rivesaltes, Maury und Banyuls.

Frage: Was ist der Unterschied zwischen diesen drei Flaschen? Antwort: keine zwanzig Mark! Diese drei Flaschen repräsentieren die Bandbreite des Angebots an Weinen aus dem Languedoc-Roussillon. Ein einfacher, ehrlicher Wein ist schon für wenige Mark zu haben, und auch die beste Kreszenz kostet kaum je mehr als 30 Mark.

❶ ab DM 5,– / € 2,50

Beispiel eines Trinkweins: Einfache Weiß-, Rosé- und Rotweine, Land- und Tischweine.

Sie eignen sich als Alltagswein, zu einfachen Speisen besonders der südlichen Küche.
Mehr dazu: Seite 48.

❷ ab DM 10,– / € 5,–

Beispiel eines Lagerweins: Zuverlässige Weine aus kontrollierter Herkunft. z.B. aus dem Coteaux du Languedoc

Als Alltagswein, zum Umtrunk, zu Speisen der südlichen Küche.
Mehr dazu: Seite 34.

❸ ab DM 20,– / € 10,–

Beispiel eines Festweins: Häufig handelt es sich um die so genannte Spitzencuvée, den ausgesuchten Wein der besten Betriebe. z.B. aus dem Coteaux du Languedoc

Zu Grilladen und Wild.
Mehr dazu: Seite 34.

Die Rebsorten des Languedoc-Roussillon

«Sortenweine» nennt man die Rebensäfte, die aus einer einzigen Traubenart produziert werden und deren Name auf dem Etikett prangen. Ausgelöst wurde die Mode der Sortenweine durch die Weinliebhaber aus der neuen Welt, die offenbar immer genau wissen wollen, was in einer Flasche ist: Cabernet Sauvignon, Merlot, Chardonnay oder Pinot noir… Die Sortenmode grassiert auch im Languedoc-Roussillon. Riesige Rebfelder sind mit den oben genannten international verbreiteten Sorten bepflanzt. Sie ergeben jedoch keinen Wein kontrollierter Herkunft, sondern so genannten «vins de pays», Land- oder Tafelwein.

Die wohl wichtigste der vielen Qualitätssorten des Südens ist die rote Grenache-Traube. Sie gibt besonders zuckerreiche Beeren und daher besonders alkoholstarke, kräftige Weine – unter der Voraussetzung allerdings, dass man ihren Ertrag unter Kontrolle hält. Weitere wichtige, traditionelle Sorten sind Carignan, Cinsault und Mourvèdre. Die Syrah-Rebe dagegen ist eine Einwanderin aus dem oberen Rhonetal.

Die Weine aus kontrollierter Herkunft sind traditionell aus mehreren Sorten komponiert, vor allem, was die Rotweine anbelangt. Je nach Unterregion oder Lage herrscht die eine oder andere der folgenden Sorten vor:

Die *Carignan* ist die Hauptsorte der Region. Sie wurde im letzten Jahrhundert aus Spanien importiert, weil sie viel produziert und extrem farbkräftige Weine ergibt, die sich bestens zum Aufbessern von Rebensäften eignen, die weniger von der südlichen Sonne profitiert haben. Unvermischt abgefüllt, mundet Wein aus Carignan leider meistens kantig, herb, manchmal gar derb und bitter. Nur wenig Winzer keltern daraus einen interessanten Wein. Sie besitzen immer Reben, die beträchtliches Alter aufweisen, auf kargen Böden in Hanglage wachsen, und nur mehr wenig produzieren.

Die *Grenache* ist eine alte und verbreitete Traubensorte, deren Qualitäten aber erst langsam wieder entdeckt werden. Sie ergibt fruchtige, alkoholstarke Weine, denen ein Duft nach Erdbeere und Feige eigen ist. Die Rotweine mit Restsüsse (Rivesaltes, Maury, Banyuls) werden fast immer aus dieser Sorte erzeugt. Weitere seltene, aber immer noch angebaute Rotweinsorten sind Picpoul noir, Terret noir und Counoise noir.

Der *Cinsault* wird vor allem für Rosés verwendet. Er ergibt aber auch feine, frische, immer etwas eigenartig duftende Rotweine und ist eine gute Ergänzung im Mischsatz – unter der Voraussetzung allerdings, dass man seinen Hang zu großen Erträgen unter Kontrolle bringt. Nur wenige Winzer wissen gut mit dieser Sorte umzugehen.

Der *Mourvèdre* ist eine Qualitätssorte, die besonders in Meeresnähe ausgezeichnete Resultate zeitigt. Sie ergibt besonders in Clape, Saint-Georges d'Orques und gewissen Gebieten des Pic Saint-Loup nach Harz und Leder duftende, farbkräftige, vollmundige Weine mit hervorragendem Reifepotential.

Die *Syrah* kommt erst so richtig in Mode. Sie stammt ursprünglich aus dem Gebiet der nördlichen Rhône. Dort keltert man daraus die Nobelweine Côte-Rôtie, Hermitage oder Cornas. Auch wenn sie fast überall im Languedoc-Roussillon angepflanzt wird: Die besten Bedingungen findet sie auf den Schieferböden von Cabrières, in Montpeyroux, Pic Saint-Loup und la Méjanelle und im Roussillon. Sie ergibt besonders fruchtige, vollmundige, verführerisch nach Kirsche und Johannisbeere duftende Weine.

Die Weißweinsorten des Languedoc-Roussillon

Muscat
Aus der Varietät «Muscat à petits grains» produziert man die vollmundigen, süßen Muskateller aus Frontignan, Lunel oder Rivesaltes.

Grenache blanc
Ergibt zuckerreiche Beeren und extraktreiche, alkoholstarke Weiße mit wenig Säure. Wird daher vor allem für Süßweine verwendet.

Weitere Weißweinsorten
Ugni blanc, Bourboulenc, Picpoul, Maccabeu und Mauzac.

Newcomer aus dem Norden: Sorten wie die Viognier (Abbildung links) Marsanne, Roussanne, Chenin und Chardonnay, gehören nicht zum klassischen Rebsatz der Region, sondern kommen wie die Syrah aus nördlicher gelegenen Gebieten. Sie zeitigen im Süden dennoch ausgezeichnete Resultate.

Mediterranes Klima und Terroir

Wichtigste Eigenschaft guter Weinbergsböden ist ihre optimale Drainage. Das bezeichnet die Fähigkeit eines Bodens, bei großer Feuchtigkeit überschüssiges Wasser abzuführen und bei Trockenheit zurückzuhalten. Die Rebe hasst nichts mehr als nasse Füße. Lieber noch leidet sie Durst. Je ausgewogener der Wasserhaushalt, desto besser der Wein.

Der französische Begriff «Terroir» meint nicht nur die Beschaffenheit der Böden. Man kann ihn definieren als die Eigenart der Böden, die Rebe optimal mit Wasser und Nährstoffen zu versorgen und wurzeln und wachsen zu lassen – in Tat und Wahrheit spielen eine Unmenge Faktoren mit, zu denen auch Klima und Mikroklima gehören.

Das Klima des Languedoc-Roussillon ist das Klima des Südens – heiße, trockene Sommer und milde Winter. Es regnet selten, doch wenn es regnet, dann ist gleich die Sintflut los. Da kann es schon vorkommen, dass ganze Rebgärten überschwemmt werden und die Autobahn zwischen Narbonne und Beziers kaum mehr vom Canal du Midi zu unterscheiden ist. Reben, die ihre Arme wie Ertrinkende aus dem Hochwasser recken – möglich ist dies erst seit dem letzten Jahrhundert. Jahrhundertelang wuchs die Rebe einzig an den kargen Hängen, wo sonst nur noch die Olive gedieh. Als aber seit Mitte des 19. Jahrhunderts ganz Europa unter der aus Amerika eingeschleppten Reblausplage litt, die praktisch den gesamten Rebbestand zerstörte, fanden die Winzer der Region ein ganz besonderes Mittel zum Bekämpfen des kleinen Schädlings: Die Rebparzellen wanderten in die Schwemmlandebene ab und wurden bei Hochwasser überflutet. So konnte die Plage unter Kontrolle gebracht werden.

Qualitätswein ließ sich zwar auf diese Art nicht produzieren. Doch war man zu der Zeit schon froh, wenn man überhaupt Trauben ernten konnte. Leider begründete das Languedoc damit seinen Ruf als Massenweinproduzent, unter dem es lange litt und von dem es erst heute wieder langsam loskommt.

Die kargen, stark schieferhaltigen Weinbergsböden von Banyuls (oben) besitzen die Eigenschaft optimaler natürlicher Drainage in höchstem Maße.

Denn die wirklich guten Weinbaulagen sind dort zu suchen, wo schon die Römer Reben anbauten: an den Ausläufern der Cevennen, des Plateau de Larsac oder der Pyrenäen, manchmal gar an den direkt am Mittelmeer gelegenen Klippen der Côte Vermeille.

Die Vielfalt der Böden

Die Bodenformationen sind so vielfältig wie die Weine des Languedoc-Roussillon. Die Region blickt auf eine turbulente erdgeschichtliche Vergangenheit zurück. Urzeitliche Gletscher, Flüsse und Meere lagerten Geröll, Geschiebe und Sedimente ab, Gesteinsschichten schoben sich übereinander... Das Resultat sind Böden in allen möglichen Farben: Weiß sind solche mit einem großen Anteil an Kalk, schwarz die Böden aus Schiefergeröll, rot solche aus Sandstein oder Geröll mit Eisenoxideinschlüssen.

Ihnen allen gemein ist ihre Kargheit – eine der Voraussetzungen für große Weine, denn wo die Rebe sich überfrisst, geraten die Weine grob gestrickt und alkoholisch – und ihre hervorragende natürliche Drainage. Je nach Formation gerät die eine oder andere Traubensorte besser und profitiert zusätzlich von den vielen unterschiedlichen Klima-Zonen. Ein Faktor spielt dabei eine unschätzbare Rolle: der Wind. Kommt er aus Richtung Mittelmeer, sorgt er für genügend Feuchtigkeit, auch wenn es wochenlang nicht regnet. Weht er aus Richtung des Hochplateaus der Larsac-Berge, trocknet er minutenschnell die vom Sommergewitter durchnässten Reben. Die Winzer des Südens haben gerade erst damit begonnen, das komplexe Zusammenspiel von Sorten, Klimazonen und Böden zu erforschen. Innert kürzester Zeit haben sie so die Qualität ihrer Weine verbessert. Für die Zukunft lässt sich diesbezüglich noch einiges erwarten.

Vielfalt der Böden:

Grobes, kantiges Geröll bei Saint Pargoire

Rote Erde bei Verargues

Böden aus Flussgeschiebe von La Méjanelle bei Montpellier.

Naturnaher Rebbau am Mittelmeer

Das Bild des Winzers, der mit gebeugtem Rücken den kargen Boden zwischen seinen Rebzeilen harkt und so langsam der untergehenden Sonne entgegenschreitet, passt besonders gut ins Languedoc. In den Rebfeldern der Ebene wird der Rebbau aber je länger, je mehr mechanisiert. Neuanlagen werden auf Draht gezogen, weil sie sich so besser maschinell bearbeiten lassen, auch wenn damit ein Teil der Weinromantik verloren geht. Denn die klassische Erziehungsart der Rebe ist der so genannte Gobeletschnitt. Der Stamm der Rebe wächst frei und wird dabei tief gehalten, durch gezielten Rebschnitt formt der Winzer eine bestimmte Anzahl Arme (meist vier bis sechs), die das Gerüst bilden. Im Winter werden die Äste jeweils auf ein- oder zwei «Augen», das heißt Knospen, zurückgeschnitten. Diese treiben im Frühjahr aus und tragen die kommende Ernte.

Im Laufe der Zeit werden Stamm und Arme der Rebe immer knorriger und dicker und gleichen bald einmal einer vielarmigen indischen Gottheit...

Diese alte und vor allem im Mittelmeerraum gebräuchliche Erziehungsform hat Vor- und Nachteile. Der Vorteil liegt in der Einfachheit der Schneidetechnik und der guten Adaptation auf die vorherrschenden klimatischen Bedingungen (weil die Äste frei wachsen können, bieten sie dem Wind wenig Widerstand und ertragen ihn so weit besser). Der Nachteil liegt in der Schwierigkeit der Mechanisierung. Immerhin können moderne Erntemaschinen auch solche Reben mittlerweile problemlos ablesen. Maschinell zurechtstutzen kann man sie aber kaum.

Immerhin lässt sich auch im Languedoc ein Trend zurück zu mehr Handarbeit feststellen. Dabei liegt es

Bio und Biodynamie:

Zwei unterschiedliche Techniken naturnahen Anbaus, beide Techniken sind im Languedoc-Roussillon weit verbreitet. Das hat seinen Grund: nirgendwo ist es so einfach, einen Rebberg naturnah zu führen.

Die Biodynamie geht auf den Denker Rudolf Steiner zurück. Spritz- und Düngemittel werden in besonderen Präparationen und in homöopatischen Dosen ausgebracht: Pflanzen wie Brennessel und Schachtelhalm, Kuhmist oder Quarz bilden die Basis.

Biologisch bestellte Betriebe ersetzten hingegen traditionelle chemische Mittel durch solche aus natürlichen oder naturnahen Produkten. Klima und Terroir des Languedoc-Roussillon privilegieren naturnahen Weinbau.

auf der Hand, dass ohne weitgehende Mechanisierung nicht auskommt, wer seine Weine für drei Mark die Flasche an den Mann bringt. Wer jedoch den Schritt Richtung Qualitätswein geschafft hat und über den nötigen Bekanntheitsgrad verfügt, seine Preise etwas anheben zu können, wird rasch wieder von Hand ernten lassen. Besonders alte Gewächse leiden doch sehr unter den nicht immer sanft mit den Reben umgehenden stählernen Ungetümen, die sich zur Lesezeit durch die Rebzeilen fressen, und für einen Spitzenwein ist die Ernte von Hand sowieso unerlässlich, von Rebschnitt und Laubarbeit gar nicht zu reden.

Ein weiterer Trend geht hin zu naturnahem Anbau. Viele Weine des Südens werden gar ganz biologisch oder biodynamisch hergestellt. In klimatisch guten Jahren ist dies auch problemlos möglich. Wind und Sonne sind ein natürliches und kostengünstiges Mittel gegen viele Rebschädlinge, besonders Pilzbefall und Fäule. Seit sich solche Weine gut absetzen lassen, wird der naturnahe Weinbau auch von den Behörden gefördert.

Rebe nach dem Rebschnitt: Steigt der Saft in die Äste, «weint» die Rebe, da, wo man sie zurückgestutzt hat.

Winzer beim Rebschnitt in den Corbières. Handarbeit ist immer noch gefragt im Languedoc. Die Reben danken's dem Winzer: Trotz modernster Technik ist die Menschenhand immer noch das beste Werkzeug eines Weinbauern. Die Präsenz eines erfahrenen Winzers im Rebberg hilft zudem, früh genug Probleme mit Schädlingen und Krankheiten zu erkennen.

Die südfranzösische Weinbereitung

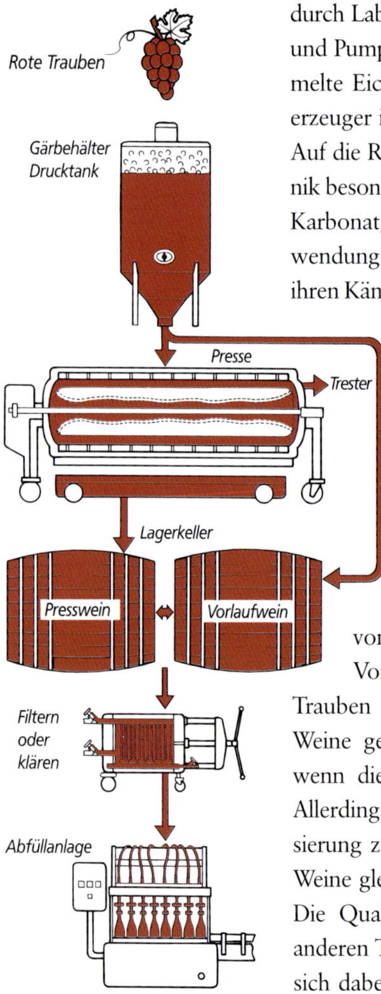

Wer die blitzblanken Stahltankkellereien von Weinregionen wie Bordeaux, der Rioja oder Kalifornien besucht hat, wird staunen ob der Einfachheit der Installationen in vielen Kellern Südfrankreichs. Da wird man durch Labyrinthe von Betontanks geführt, alte Pressen und Pumpen stehen herum, und riesige, halb vergammelte Eichenfässer... Die Vergangenheit als Massenerzeuger ist in vielen Kellern immer noch präsent.

Auf die Rebsorten des Südens schien eine Keltertechnik besonders zugeschnitten: Die sogenannte Maische-Karbonatgärung, wie sie auch etwa im Beaujolais Verwendung findet. Die Trauben werden dabei nicht von ihren Kämmen befreit, sondern kommen ganz in einen geschlossenen *Drucktank-Gärbehälter.* Dann wird Kohlensäure zugesetzt, und zwar entweder künstlich aus der Flasche, oder aber natürlich durch die Gärung entstehende, indem man etwas gärenden Most in den Tank gibt, diesen mit Trauben auffüllt und verschließt. Weil das Gas nicht entweichen kann, entsteht Druck, die Beeren platzen und beginnen von innen heraus zu gären.

Vorteil dieser Technik: die natürlich in den Trauben vorkommende Säure wird abgebaut, die Weine geraten auch dann fruchtig und angenehm, wenn die Trauben herb und säuerlich schmecken. Allerdings hat sie auch eine bedauerliche Standardisierung zur Folge. Alle mit dieser Technik erzeugten Weine gleichen einander irgendwie.

Die Qualitätswinzer des Südens haben sich daher anderen Techniken zugewandt. Zuerst orientierten sie sich dabei an Bordeaux, dem Zentrum französischer

Weinwissenschaft. Automatische Temperaturkontrolle bei der Gärung (siehe Vinoteca-Band Rotwein) und Barriqueausbau kamen in Mode. Dies bekam jedoch nicht allen Weinen des Languedoc-Roussillon gleich gut. Doch besonders die jüngere Winzergeneration ist so experimentierfreudig, wie sie reiselustig ist, bringt aus allen möglichen Weingebieten neue Erkenntnisse mit und erarbeitet so eine ganz eigene, neue Keltertechnik. So ist es heute möglich, dass ein Wein angebaut wird wie in Spanien, gekeltert wie im Burgund und in der Barrique ausgebaut wie in Bordeaux.
Die wichtigste Erkenntnis ist jedoch wohl die, dass man die einzelnen Sorten und Parzellen bei optimaler Reife lesen und separat keltern muss. Ein Carignan verlangt einen anderen Umgang als ein Cinsault, eine Syrah oder eine Grenache-Traube. Dank dieser Erkenntnis lassen sich heute auch aus Sorten interessante Weine keltern, die man noch vor kurzem aus dem Rebkataster streichen wollte.

Modern:
Das Reifenlassen des Weines in kleinen Holzfässern von rund 225 Litern Inhalt (Barrique) verfeinert den Wein ungemein und gibt ihm mehr Aroma, sofern er genügend Dichte besitzt: Zu leichte Weine ertragen diese Behandlung nur schlecht und werden dadurch trocken und einseitig von den Holzaromen dominiert.

Nach alter Väter Sitte:
In vielen traditionellen Betrieben des Languedoc-Roussillon kommen immer noch große Eichenfuder zum Einsatz. Darin ruht der Wein vor der Abfüllung auf die Flasche und rundet sich ab, ohne dabei den von vielen verpönten Eichengeschmack anzunehmen. Fässer dieser Art werden sorgfältig gehegt und gepflegt und von Generation zu Generation vererbt. Manche sind wahre Museumsstücke, wie hier im Keller von Château de Nouvelles in Fitou.

Von Appellationen und Etiketten

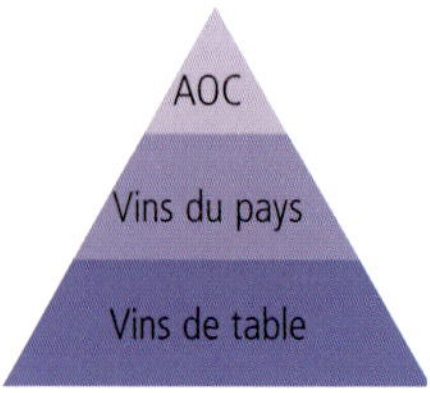

Die Pyramide der französischen Weinqualitäten

An der Spitze stehen die Weine mit kontrolliertem Ursprung AOC (Appellation d'origine contrôlée). Die Mitte bilden die Landweine, die aus einer bestimmten Region stammen. Die unterste Stufe sind die anonymen Tafelweine, die aus irgendwelchen Trauben gepresst sein können.

Was ist eine Appellation?

Frankreich besitzt eine strenge Weingesetzgebung. Die nationale Weinbehörde wacht streng über das Einhalten der europäischen, staatlichen oder regionalen Richtlinien, unterstützt von der «Repression des fraudes», eine Art Wirtschaftspolizei, die darüber wacht, dass alles mit rechten Dingen zugeht.

Rund vierhundert französische Weingebiete kommen in den Genuss der so genannten «Appellation d'origine contrôlée» (AOC), der Bezeichnung für kontrollierten Ursprung. Dieses Siegel garantiert nicht nur, dass die Weine, die es tragen, auch wirklich genau da herstammen, wo das Etikett dies vermerkt, sondern auch, dass es sich um einen Qualitätswein handelt, der von Reben stammt, deren Erträge ein gewisses Maß nicht überschreiten dürfen und genau den jeweiligen regionalen Gegebenheiten entspricht.

Die darunter folgenden, einfacheren Kategorien heißen Vins de pays und die Vins de table.

Das Lesen eines Etiketts

Schon nur das Sujet eines Etikettes sagt einiges aus über den Inhalt einer Flasche. Im Languedoc geht das so: Allzu moderne Etiketten deuten häufig auf einen kommerziellen, für den Supermarkt bestimmten Wein hin. Altmodische Sujets und Schnörkelschrift auf einen nach alter Art gekelterten... Den Kenner auf sich aufmerksam macht hingegen, wer auf seiner Etikette Zurückhaltung und Mäßigung übt.

Was auf einer Etikette stehen darf, regelt die Europäische Union.

Etiketten, die auf den Weincharakter hindeuten:
Links der Wein eines traditionell kelternden Guts, rechts die Ausstattung eines modernen Weintyps.

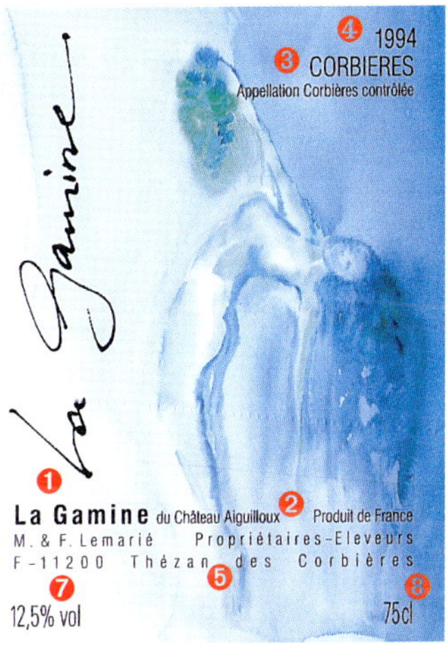

❶ Der Weinname, die Marke
Schlösser, Châteaux, gibt es auch im Languedoc-Roussillon zuhauf. Manchmal gibt es sogar tatsächlich ein solches, besonders, wenn der Besitzer wie in vorliegendem Fall von adeliger Herkunft ist. Der Begriff «Château» auf dem Etikett hat aber keinesfalls etwas mit der Qualität des Inhalts zu tun. Der Wein einer Domaine oder eines Mas (Mas des Chimères, Domaine de Peyre Rose) ist nicht weniger nobel als ein so genannter Châteauwein.

❷ / ❸ Die Herkunft
La Clape ist ein sogenanntes «Terroir», eine Art Unterappellation des kontrollierten Herkunftsgebietes Coteaux du Languedoc. Diese Bezeichnungen garantieren, dass der betreffende Wein aus Reben gekeltert wurde, die aus dem exakt abgegrenzten Gebiet des Terroirs la Clape, Appellation Coteaux du Languedoc Contrôlée, stammt, gemäß den An- und Ausbauvorschriften dieser Appellation gekeltert und erst nach einer Verkostung durch ein Expertenkomitee der Appellation zum Verkauf freigegeben wurde. Weine, die zurückgewiesen werden oder nicht den Vorschriften entsprechen, werden deklassiert oder – im schlimmsten Fall – zwangsdestilliert.

❹ Jahrgang
Stipuliert, dass der Flascheninhalt ausschließlich aus der Ernte des betreffenden Jahres gekeltert wurde. Zusätze von Weinen anderer Jahrgänge auch in kleinen Dosen sind verboten.

❺ Name/Adresse des Besitzers/des Gutes
diese Erwähnung ist obligatorisch. Fehlt sie oder ist sie verstümmelt, ist Misstrauen angesagt.

❻ Mise en bouteille au Château
Schlossabfüllung. Der betreffende Wein wurde im Erzeugergut auf Flaschen gefüllt. Eine zusätzliche Qualitätsgarantie.

❼ Angabe des Alkoholgrades
Seit 1988 vorgeschrieben.

❽ Mengenangabe
Seit 1979 obligatorisch

Von Jahrgängen und Trinkreife

Weine aus dem Languedoc findet man buchstäblich für alle Gelegenheiten, für die Alltagstafel, für einen Umtrunk, fürs sommerliche Picknick oder fürs gediegene Fest. Was den Einkauf solcher Weine zum Vergnügen macht: Die Weine, die man sich reichen lässt, sind eigentlich immer bereits trinkreif. Auch die grössten Weine des Südens erreichen ihre optimale Trinkreife meist bereits im Alter von vier bis sechs, maximum acht Jahren. Länger sollte man sie nur in Ausnahmefällen lagern – etwa auf ausdrückliche Empfehlung des Winzers oder eines Vertrauenshändlers.

Jahrgänge spielen im Süden eine untergeordnete Rolle, der Erzeuger eine umso wichtigere.

Die Jahrgänge

Das Klima eines Jahres bestimmt im Süden weit weniger die absolute Qualität des fertigen Weins als in nördlicher gelegenen Gebieten. Zwar können besondere klimatische Ereignisse wie Hagel oder Spätfröste die Ernte mengenmäßig beeinträchtigen, kaum aber deren Qualität. Das soll nun nicht heißen, dass die Weine des Languedoc-Roussillon sich Jahr für Jahr aufs Haar gleichen. Doch betreffen die Unterscheide weit eher den Stil als die Güte. Die Jahre 1989 oder 1990 etwa haben teilweise Weine von geradezu nordafrikanischem, sonnenverbranntem Charakter geliefert, während die Weine der Jahrgänge 1991 und 1992 dagegen bedeutend ausgeglichener und frischer wirkten. Vom Jahrgang auf dem Etikett muss man sich beim Kauf also nur insofern

beeinflussen lassen, als er bestimmt, wie lange ein Wein zu lagern ist.
Das gleiche gilt für die natürlichen Süßweine: Jahrgänge wie 1973 oder 1980, die in Burgund oder in Bordeaux nicht gerade zu den vielgerühmten gehören, haben teilweise sehr schöne süße Vins doux naturels geliefert.

Die Weinreife-Tabelle für den höchsten Trinkgenuss

Jahr	Weißwein	Rosé	Einfacher Rotwein	Kräftiger Rotwein
1998	★	★	↗	→
1997	↘	★	★	↗
1996	↘	↘	★	↗
1995	○	↘	↘	★
1994	○	○	↘	★
1993	○	○	↘	★
1992	○	○	○	↘
1991	○	○	○	↘
1990	○	○	○	↘

Zur Qualität der Jahrgänge:
= hervorragend (1998, 1995, 1993, 1990)
= gut (1997, 1996, 1994, 1992, 1991)

Legende:
→ noch sehr jung, reifen lassen
↗ am Anfang der Trinkreife, kann noch besser werden
★ auf dem Höhepunkt, trinken
↘ Zenit überschritten, austrinken
○ verpasst, wäre besser schon getrunken

Die südfranzösischen Weinjahre ab 1989

Mit wenigen Ausnahmen sind die Weine der neueren Jahrgänge im Handel

1998 Kompliziertes Jahr. Kleine Ernte von teilweise außergewöhnlicher Qualität

1997 Schwieriges Jahr: wie 1992 große qualitative Unterscheide. Beschränkt haltbar.

1996 Ein ausgewogener Witterungsverlauf, sehr elegante, feine Weine.

1995 Perfekte Witterung, großartige, fleischige, kräftige und doch ausgewogene Weine.

1994 Heiß, sonnig, teils regnerisch. Kräftige, gut strukturierte Weine höchster Qualität.

1993 Trockener Winter, nasskühler Frühling, heißer Sommer. Ausgezeichnete Weine.

1992 Klimatisch schwieriges Jahr. Nur die besten Winzer haben gute Weine gekeltert.

1991 Sehr harmonische klimatische Bedingungen, aromatische, zuverlässige Weine.

1990 Heißes Jahr, Regenperiode im August, sehr schöne, elegante, raffinierte Weine.

1989 Heißes, tropisches Jahr, großzügige, feurige, fast afrikanisch anmutende Weine.

BANYULS
MIEL
ANCHOIS

Weine für jeden Geschmack

Alle möglichen Weinstile werde im Languedoc-Roussillon erzeugt, vom modischen Sortenwein über den kräftigen Lagerwein zum fruchtigen Tischwein, von den portweinähnlichen, süß ausgebauten Tropfen aus Banyuls und den herrlichen Schaumweinen aus Limoux ganz zu schweigen.

Mit einer einfachen Symbolik weist die Vinoteca den Weg zum Wein, den Sie suchen. Stellen Sie die vier Fragen gemäß Seite 16. Die einzelnen Symbole mit den Beschreibungen geben die Antworten. Die Sterne für die Qualität werden aufgrund der entscheidenden Faktoren Traubensorte, Terroir, Klima und Winzer vergeben.

	Die Qualität
★	für einen guten Alltagswein
★★	für einen feinen Sonntagswein
★★★	für einen prächtigen Festtagswein
★★★★	für einen grandiosen Paradewein
★★★★★	für einen absoluten Weltklasse-Wein

	Der Weintyp / Geschmack
🍷	Rotwein
🍷	Rosé
🍷	Weißwein

👄	**Ideale Gerichte zu diesem Wein**

	Lagerfähigkeit
▮	Trinkwein
▬	Lagerwein (Angaben in Jahren ab Ernte)

	Die Preiskategorien
❶	unter DM 10,– / € 5,–
❷	DM 10,– bis 20,– / € 5,– bis 10,–
❸	DM 21,– bis 30,– / € 10,– bis 15,–
❹	DM 31,– bis 50,– / € 15,– bis 25,–
❺	über DM 50,– / € 25,–

Die Vinoteca-Symbole zur Weinbeurteilung

★ Qualität

Weintyp/Geschmack

Speise-Empfehlung

Lagerfähigkeit

❶ Preiskategorie

Die wichtigsten Anbaugebiete im Überblick

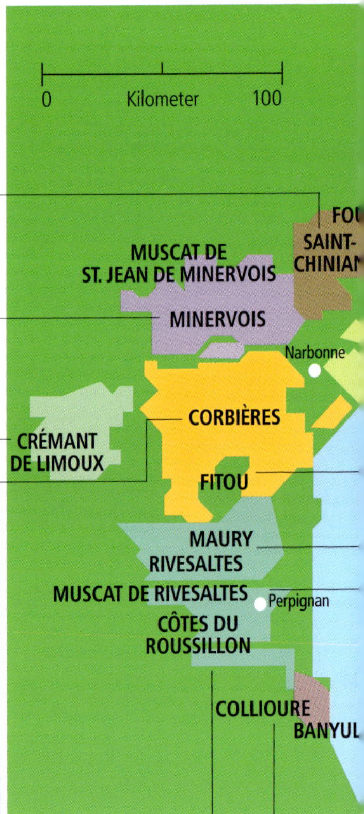

Fougères (Seite 36)

elegante, kräftige, betont fruchtige Rotweine
zu Grilladen, Geflügel, Lamm
Lagerfähigkeit 2 bis 10 Jahre je nach Produzent
❷–❸ preiswert

Saint-Chinian (Seite 36)

elegante, würzig duftende Rotweine.
zu bekömmlichen Gerichten der südlichen Küche, für den Alltag wie fürs Fest
2–6 Jahre lagerfähig je nach Produzent
❷ günstig im Preis

Minervois (Seite 38)

frische Weißweine, fruchtige Roséweine, einfache fruchtige, aber auch kräftige, saftige Rotweine.
vom Picknick bis zum Festessen
2 bis 10 Jahre je nach Wein und Prouzent
❷–❸ günstig

Crémant und Blanquette de Limoux (Seite 44)

frische, elegante, blumige, teils aber auch sehr raffinierte Schaumweine
zum Aperitif, zum Umtrunk, fürs Fest.
zum Trinken, nicht zum Lagern
❷–❹ günstig angesichts der Qualität

Corbières (Seite 40)

frische Weißweine, fruchtige Roséweine, einfache fruchtige, aber auch qualitativ hoch stehende Rotweine höchst unterscheidlichen Zuschnitts.
vom Picknick bis zum Festessen
2 bis 10 Jahre je nach Wein und Prouzent
❶–❸ günstig

Côtes du Roussillon (Seite 42)

frische Weiße, fruchtige Rosés, einfache fruchtige, aber auch hoch stehende Rote
zu Gerichten der südlichen Küche
2–6 Jahre
❶–❸ meist preiswert

Rund 300 000 Hektar stehen im Languedoc-Roussillon unter Reben. Hier die wichtigsten Herkunftsgebiete (AOC) im Überblick.

Costières de Nimes (Seite 46)
- einfache bis vollmundige, kräftige Rotweine
- zuverlässiger Begleiter einer kräftigen Mahlzeit
- von mittlerem Reifepotential (2–8 Jahre)
- ❶–❷ günstig

Coteaux du Languedoc (Seite 34)
- frische Weißweine, fruchtige Roséweine, einfache fruchtige, aber auch kräftige, saftige Rotweine höchster Qualität
- vom Picknick bis zum Festessen
- jung zu trinken oder bis zu 10 Jahren zu lagern
- ❷–❹ nicht immer leicht erhältlich, aber super im Preis

Fitou (Seite 41)
- kräftige, feurige, würzige Rotweine
- zu kräftigen Fleischspeisen und Eintöpfen
- 4 bis10 Jahre je nach Wein und Produzent
- ❷–❸ relativ günstig

Muscat de Rivesaltes (Seite 51)
- Süßweine aus der Muskatellertraube
- zum Aperitiv, zum Imbiss, zum Dessert
- wird trinkreif verkauft, lagert eine Ewigkeit, ohne sich aber zu verbessern.
- ❶–❷ preiswert

Collioure (Seite 43)
- gehaltvolle, würzige, eigenwillige Rotweine
- zu Wildgerichten und Wildgeflügel, zu regionalen Spezialitäten
- 4–10 Jahre
- ❸–❹ nicht billig, aber ihren Preis wert, Spezialität

Maury und Banyuls (Seite 51)
- rote Süßweine in der Art eines Port
- Imbiss, Häppchen, Schokoladendessert
- wird meist trinkfertig verkauft, hält ewig.
- ❷–❹ meist recht günstig angesichts der Qualität.

Coteaux du Languedoc

Die Coteaux du Languedoc ziehen sich im Halbkreis von Narbonne bis Nîmes hin, ein weites, ausgedehntes Anbaugebiet, in dem die besten Rebparzellen nur Inseln bilden. Trotz seiner Ausdehnung werden hier nur auf 12 000 Hektar Reben kultiviert, die auf 138 Gemeinden verteilt sind. Nur die besten Lagen, die besten Böden, meist in Hanglage (daher der Begriff Coteaux, Hänge) haben Anrecht auf die kontrollierte Ursprungsbezeichnung Coteaux du Languedoc. Ein Großteil der Reben produzieren einfache Land- oder Tafelweine, die nicht unter die eigentliche Appellation fallen.

Coteaux heißt Hügel oder Hanglage. Bei der Erstellung der kontrollierten Herkunftsbezeichnung AOC Coteaux du Languedoc im Jahre 1985 setzte man alles daran, dass wirklich nur die besten Böden, meist in Hanglagen, in den Genuss der Auszeichnung kamen. Weine aus der fruchtbareren Ebene dürfen nur die Bezeichnung vins de pays (Landwein) oder vins de table (Tafelwein) tragen. Diese Qualitätspolitik bereits im Rebberg hat sich bezahlt gemacht: Heute erleben die Coteaux du Languedoc einen wahren Boom selbst in Japan oder Amerika.

Verworrene, verwirrende Weingeografie

Wer die Region das erste Mal besucht, wird sich die Haare raufen ob deren fürchterlich komplizierter, in erster Linie historisch bedingter Weingeografien. Da werden zwölf so genannte Terroirs unterschieden, die manchmal nur eine Gemeinde betreffen, manchmal aber ein größeres Gebiet, und die teilweise eigene, strengere Keltergesetze besitzen als die Basisappellation. Zu den Coteaux du Languedoc gehören aber auch drei eigentliche Unterappellationen, deren Weine wahlweise den Namen ihres Gebietes tragen dürfen oder aber als Coteaux du Languedoc abgefüllt werden können. Es handelt sich um Faugères, Saint-Chinian und Clairette de Languedoc (siehe nächste Doppelseite).

Kaum 15 Prozent der Produktion der Coteaux du Languedoc sind Weißweine. Diese sind vor allem von einigem Interesse, wenn sie aus Meeresnähe stammen, aus Pinet (Picpoul de Pinet) oder Clape. Sie geraten im besten Fall frisch und fruchtig und besitzen eine angenehm salzige, an Jod erinnernde Note.

Doch die Coteaux du Languedoc und ihre zwölf Terroirs sind vor allem für kräftige, geheimnisvoll duftende Rotweine bekannt.

Die Terroirs von Cabrières und Montpeyroux bestehen zum größten Teil aus Schiefer. Das bekommt der Sorte Syrah besonders gut, die hier – immer im Mischsatz mit den anderen Sorten des Languedoc – besonders raffinierte, fruchtige, vollmundige Weine ergeben kann. La Méjanelle und Saint-Georges d'Orques besitzen Böden aus rotem Schotter. Kraftvolle Weine mit satter Frucht sind das Resultat.

Die Weine des Terroirs von Pic Saint-Loup zeichnet Aromareichtum und überschwengliche Frucht aus. Sie besitzen viel Körper, ohne deshalb schwer zu wirken. Quatourze ist ein uraltes Anbaugebiet in der Nähe von Narbonne, das aber heute etwas in Vergessenheit geraten ist, ähnlich wie die Terroirs von Saint-Christol, Saint-Drézery und Verargues in der Nähe von Montpellier. Saint-Saturnin ist vor allem für seinen leichten «vins d'une nuit» bekannt, ein Wein, der nur eine Nacht an der Maische bleibt, frisch und fruchtig und blutjung zu trinken in den ersten Monaten nach seiner Entstehung.

Château Cabrières heißt die Spitzencuvée der rührigen Genossenschaftskellerei von Cabrières, einem der Terroirs der Coteaux du Languedoc.

Weintyp	★	🍷[1]	👄[2]		❶
AOC Coteaux du Languedoc Rotweine	★–★★★★★	Einfach bis herausragend Rasch trinkbereit bis gut lagerfähig	Rotweine für jede Gelegenheit Für den Alltag wie fürs Fest	2–10 Jahre	❷–❹
AOC Coteaux du Languedoc Rosé	★–★★	Einfach, fruchtig die besten kommen aus la Clape	Fürs Picknick für den Sommer	1–2 Jahre	❷
AOC Coteaux Languedoc Weißweine		Einfach, würzig, die besten Picpoul de Pinet auch frisch und rassig	Meeresfrüchte, Fisch	1–4 Jahre	❶–❷

[1] Trinkreife Jahrgänge: Seite 29; [2] ideale Speisen zum Wein: Seite 56/57

Die drei unabhängigen Gebiete

Fougères: Weine aus Geröll und Fels

Ein Großteil der Rebberge von Fougères liegt auf etwa 250 Meter Höhe an teilweise steilen Schieferhängen der Cevennen-Ausläufer. Dass diese nur schwer zu bestellenden Rebberge bis heute überlebt haben, ist einigen besonders dickköpfigen Winzern zu verdanken, die sich nach dem Zweiten Weltkrieg dem allgemeinen Trend widersetzt haben, in die fruchtbare Ebene abzuwandern und die Rebberge, die aus schwer zu bestellenden, zerstückelten, steinigen Parzellen bestanden und mit alten, knorrigen und wenig produktiven Rebstöcken besteckt waren, ihrem Schicksal zu überlassen. Knapp 2000 Hektar stehen heute in Fougères unter Reben. Die Syrah zeitigt hier besonders interessante Resultate und ergibt im Mischsatz mit Grenache, Carignan und Mourvèdre im besten Fall einen tief-dunklen, rassigen Rotwein mit fruchtigem und gleichzeitig wild-kräftigem Bukett.

Michel Louison, Winzer in Fougères, auf seinem Rebberg Clos du fou (die Parzelle des Narren).

Saint-Chinian: Wiege der Wiedergeburt

Die Appellation Saint-Chinian darf für sich beanspruchen, die Wiege des mittelalterlichen Weinbaus im Languedoc zu sein. Die Mönche des örtlichen Kloster, im Jahre 826 vom heiligen Ämian gegründet, verwandelten die Wildnis, die sich nach dem Zusammenbruch des Römischen Reiches und während der Wirren der Völkerwanderungszeit überall breitmachte, in einen wahren Garten Eden, in dem von neuem Obst, Korn und Oliven wuchsen. An steinigen, sonnenbeschienenen Hängen legten sie Weinberge an und unterrichteten die zum Kloster gehörenden Bauern in deren Unterhalt. So gut offenbar, dass die Weine aus Saint-Chinian bereits im dreizehnten Jahrhundert all-

Reblandschaft bei Saint-Chinian

gemein geschätzt und gesucht waren. Heute werden hier auf etwa 5000 Hektar ausschließlich Rotweine gewonnen. Die besten stammen von den Schieferböden rund um das Dorf Berloup. Sie zeichnen sich durch ein fruchtiges und würziges Aroma aus und geraten ausgewogen, samten und rund.

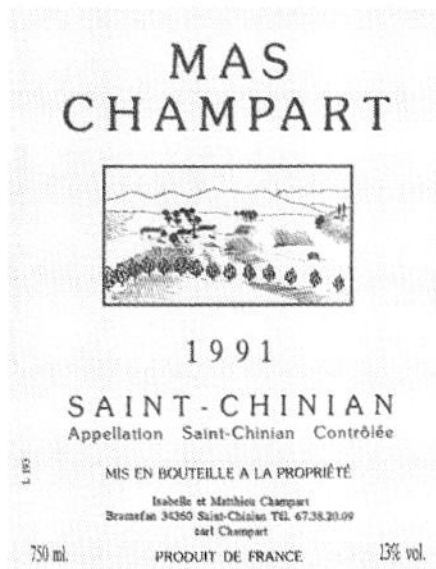

Zieren oft großartige Schlösser Bordeaux-Etiketten, setzt man im Languedoc auf die herrrliche, unberührte Landschaft als Etikettenillustration.

Clairette du Languedoc: Vom Aussterben bedroht

Eine eigene Appellation, Clairette du Languedoc, besitzen die Weißweine aus der Sorte Clairette. Sie wächst verstreut über acht Gemeinden im Tal des Herault. Ampelographen sind der Ansicht, das diese Sorte sehr alt sei und vielleicht schon den Römern bekannt war. Obschon erwiesen ist, dass aus der Clairette sehr schöne, eigenständige Weißweine gekeltert werden können, scheint sich ihrer niemand so recht annehmen zu wollen. Dabei steckt sie voller Möglichkeiten. Clairette gibt es in trockenen, halbtrockenen und in süßen Varianten (französisch: moelleux). Lässt man diese Weine einige Jahre altern, entwickeln sie einen eigenwilligen, dem Sherry ähnlichen, «rancio» genannten Geschmack, der durchaus seine Anhänger findet.

Weintyp	★	[1]	[2]		❶
AOC Fougères	★–★★★★	elegante, fruchtig kräftige Rotweine. Rasch trinkbereit bis gut lagerfähig	für Grilladen und Wild. Für den Alltag wie fürs Fest	2–10 Jahre	❷–❹
AOC St-Chinian	★–★★★	würzig, fruchtig, angenehme, elegante Rotweine	für den Alltag wie fürs Fest	2–6 Jahre	❷
AOC Clairette du Languedoc	★–★★★	eigenständige, würzige trockener Weißwein auch halbweiß oder süß (moelleux)/rancio; edel sind die Grands crus	Speisen, fürs Fest Aperitif, Käse Meeresfrüchte, Fisch	4–20 Jahre	❷–❹

[1] Trinkreife Jahrgänge: Seite 29; [2] ideale Speisen zum Wein: Seite 56/57;

Das Minervois: Vielfalt ist Trumpf

Stimmungsvolle Landschaft bei Laure-Minervois.

Dem Minervois, eine gut 18 000 Hektar umfassende Appellation, zwischen Saint-Chinian und den Corbières gelegen, müsste man eigentlich allein ein ganzes Buch widmen, so abwechslungsreich und vielfältig geraten seine Weine, ob sie nun von weißer oder roter oder rosarote Farbe sind. Die Region zeichnet sich durch eine ganze Palette höchst unterschiedlicher Bodenformationen (Mergel, Sandstein, Kalk, Lehm oder Schiefer in allen möglichen Kombinationen) und Mikroklimen aus, was natürlich auf den fertigen Wein großen Einfluss hat und die Vielfalt mindestens teilweise erklärt. Im Westen der Region treibt der Wind im Frühjahr Regenwolken vom Atlantik her über das Land und versorgt die Weingärten an den Ausläufern der Montagne noire mit reichlich Niederschlag. Das Zentrum der Region bleibt davon verschont und kennt ein trockenes Steppenklima. Der Osten der Region hingegen wird im Sommer häufig von Gewittern heimgesucht.

Was die Rotweine anbelangt, pflegt man im Minervois wie in den meisten Regionen des Languedoc zwei

Weintyp	★	🍷[1]	👄[2]	▬	❶
AOC Minervois Rotweine	★–★★★★	Elegant und fruchtig bis kräftig. Rasch trinkbereit bis gut lagerfähig	Rotweine für Grilladen und Wild Für den Alltag wie fürs Fest	2–10	❷–❹
AOC Minervois Rosé	★–★★	Blumig, fruchtig angenehm	Roséweine für den Sommer zu Oliven und Häppchen	1–3	❶–❷
AOC Minervois Weissweine	★–★★	einfach bis würzig und vollmundig	Meerfrüchte mit Knoblauch	1–4	❶–❸

[1] Trinkreife Jahrgänge: Seite 29; [2] ideale Speisen zum Wein: Seite 56/57;

gänzlich verschiedene Typen: Einen fruchtigen, jung zu trinkenden, der durch Maische-Karbonatgärung (siehe Seite 24) und kurze Mazeration erzeugt wird, und einen körper- und extraktreicheren aus langsamer Gärung, der manchmal in Eichenbarriques ausgebaut wird und sich ausgezeichnet lagern lässt. Die besten Winzer der Appellation keltern auch einige ganz interessante Weißweine, manchmal gar solche mit natürlicher Restsüße aus besonders spät gelesenen und zuckerreichen Trauben. Das Minervois ist mit einiger Sicherheit die Appellation des Languedoc, mit der in den nächsten Jahren am meisten zu rechnen ist. Ihren Namen verdankt die Region übrigens dem hübschen, mittelalterlich anmutenden, sehr besuchenswerten Ort Minerve, wunderbar gelegenen inmitten einer wild-romantischen Einöde.

Oben: Minerve.
Unten: Patricia und Daniel Domerque, die Spitzenwinzer des Minervois. Auf ihrem Gut Clos Centeilles keltern sie einen Strauß höchst unterschiedlicher Weine und illustrieren sehr schön die unendlichen Möglichkeiten dieser auch landschaftlich reizvollen Region.

Corbières und Fitou: Wild und feurig

Einsame Ruine auf windigem Gipfel: das Katharerschloss «Queribus» inmitten der pittoresken Landschaft der Corbières gelegen.

Als geographischer Begriff bezeichnet Corbières eine flache, zerklüftete Gebirgskette, deren höchste Gipfel bis auf etwa 1000 Meter reichen. Auf manchen dieser Gipfel thronen die Ruinen einsamer Felsenburgen, der Katharerschlösser, um die sich manche Legende rankt. Die Katharer pflegten im ausgehenden Mittelalter eine besondere Heilslehre. Rasch waren sie den Mächtigen der damaligen Zeit ein Dorn im Auge und wurden unbarmherzig verfolgt. In den Felsennestern der Corbières fanden sie Zuflucht, bis sie auch da von den Häschern erreicht und auf den Scheiterhaufen gebracht wurden.

In den siebziger und achtziger Jahren wurden die einsam gelegenen, nur ungenügend erschlossenen Corbières besonders von der Abwanderung betroffen. Rebfelder und Olivenhaine verwilderten. Erst in jüngster Zeit ist es zu einer Umkehr dieser Tendenz gekommen. Das hat nicht zuletzt mit dem besseren Image zu tun, dass die Region seit einigen Jahren genießt. Ein solches aufzubauen war nicht ganz einfach in einer Gegend, deren Name geradezu Synonym für Massenproduktion war. Dazu kommt, dass die Appellation keine eigentliche Einheit bildet, sowohl was die Böden, als auch das Klima anbelangt. Ähnlich wie im Minervois keltert man daher unter gleichem Namen höchst unterschiedliche Weine: leichte, fruchtige, rasch zu trinkende Rote und Rosés, aber auch elegante, manchmal gar in der Barrique, dem kleinen Holzfass, ausgebaute, rote Lagerweine im Stil eines kräftigen Bordeaux. Und ähnlich wie in den Coteaux du Languedoc unterscheidet man auch in den Corbières mehrere so genannte Terroirs. Deren Namen (Fontfroide, Sigean, Durban, Quéribus, Termenès, St-Victor, Lagrasse, Serviès, Montagne d'Alaric, Lézignan und Boutenanc) und die damit verbundenen mikro-klimatischen Unterschiede haben aber nur für Eingeweihte Bedeutung.

Die Appellation Fitou besteht aus zwei voneinander unabhängigen Teilen, durch die Appellation Corbières von einander getrennt. Das hat in erster Linie historische Gründe. Als der Gegend von Fitou 1948 als erster Region des Languedoc die kontrollierte Herkunftsbezeichnung verleihen wurde, wollten die Behörden damit ein Exempel statuieren, den anderen Regionen einen Denkanstoß geben und aufzeigen, dass sie bereit waren, die Anstrengungen der Winzer zu honorieren, die der Massenproduktion den Rücken kehrten und sich wieder der Qualität verschrieben.

Lange gehörte Fitou zu den qualitativ führenden Appellationen des Südens Frankreichs. Leider ist die Entwicklung in den letzten Jahren etwas stehen geblieben. Dieses rund 2500 Hektar großen Anbaugebiet ist bekannt für herbe, schwerblütige, alkoholreiche Tropfen, die nach einigen Jahren des Lagerns ein reiches Bukett entwickeln, in dem sich Aromen von Leder, Gewürzen, Blumen und Vanille ausmachen lassen. Ein Großteil der Region ist immer noch mit der Sorte Carignan bestockt; auch ein Grund für die mitunter etwas rustikale Machart der Weine aus Fitou. Neupflanzungen bevorzugen die Sorten Syrah und Mourvèdre. Erstere findet ausgezeichnete Bedingungen im von Schieferböden dominierten, gebirgigen Teil der Region, letztere gedeiht gut auf den kalkhaltigeren Böden in Meeresnähe.

Weine für jedes Budget: Eleganter Corbières und würziger Fitou

Weintyp	★	🍷[1]	👄[2]	Lagerung	❶
AOC Corbières	★–★★★★	einfache Rote, Weiße und Rosés, hoch stehende Rotweine	vom Picknick bis zum Festessen	2–10 Jahre	❶–❸
AOC Fitou	★–★★★	kräftige, feurige, würzige Rotweine	zu kräftigen Fleischspeisen und Eintöpfen	4–10 Jahre	❷–❸

[1] Trinkreife Jahrgänge: Seite 29; [2] ideale Speisen zum Wein: Seite 56/57

Côtes du Roussillon und Collioure

Die Rebberge des Roussillon liegen auf den Pyrenäenausläufern und dem Mittelmeer zugewandt. Einige von ihnen wachsen sogar direkt am Meer. Das Klima des Roussillon ist besonders sonnig, trocken und heiß. Die Weine der eigentlichen Côtes du Roussillon wachsen auf kargen Böden von schwarzem Schiefer. Die Côtes du Roussillon-Villages bezeichnen den Teil der Appellation in Meeresnähe, deren Böden aus Gneis besteht, der kristallinen Form des Schiefers. Zwei Gemeinden dürfen ihren Namen auf die Etiketten drucken, wenn die betreffenden Weine aus ihren Gemarkungen stammen: Caramany und Latour-de-France.

Auch im Roussillon experimentiert man nebst der dominierenden Carignan und Grenache mit anderen

Etienne Montes von Château de Cazenove bei Perpignan ist einer der Qualitätspioniere der Côtes du Rousssillon. Sein herrlicher Rotwein «Commandant François Jaubert» stammt vom Syrah-Rebberg unten.

Traubensorten. Die besten Resultate zeitigt auch hier die Syrah. Auch mit Bordeauxsorten wie Merlot und Cabernet Sauvignon wird gearbeitet – mit wechselndem Erfolg allerdings.

Von mittlerem Alkoholgehalt, geraten die Rotweine besonders fruchtig und würzig, lassen sich im besten Fall einige Jahre lagern und eignen sich gut für südliche Kost, zum Beispiel für die örtliche, katalanische Küche. Die raren, im besten Falle sanften und blumigen Weißweine muss man sich zu Meerfrüchten reichen lassen: Am besten an einem lauen Sommerabend auf der Terrasse eines Fischrestaurants in Banyuls oder Collioure.

Von den Böden um Collioure und Banyuls stammen erstaunliche Süßweine, die «vins doux naturels» der Appellation Banyuls (siehe Seite 50). Seit einigen Jahren wird ein kleiner Teil der Trauben, die normalerweise zur Produktion dieser Spezialität dienen, früher gelesen. Daraus produziert man einen vollmundigen, völlig trockenen, roten Lagerwein, der nicht selten einige Monate in der Eichenbarrique lagert. Solche Weine tragen die Appellation Collioure. Im besten Fall ist es ein mächtiger, konzentrierter, würziger, langlebiger, fast orientalisch anmutender Rotwein, aus sehr bescheidenen Erträgen gewonnen und an von der Sonne verbrannten, steinigen und steilen Hängen über dem Mittelmeer gereift.

Im Roussillon wachsen die Reben teils mit Blick aufs Mittelmeer. Die Weine der Appellationen Collioure (trockene Rotweine) und Banyuls (süße und mit weinalkohol verstarkte Weine im Stil eines Porto) entstehen auf mühsam erstellten Terrassen in besonders steiler Lage. Die Erträge sind hier minim, der Arbeitsaufwand enorm.
Kein Wunder waren diese Rebberge lange vom Verschwinden bedroht.

Weintyp	★	🍷[1]	👄[2]	▬	❶
AOC Cotes du Roussillon	★–★★★★	einfache Rote, Weiße und Rosés, hoch stehende Rotweine	vom Picknick bis zum Festessen	2–6 Jahre	❶–❸
AOC Collioure	★–★★★★	kräftige, würzige., eigenwillige Rotweine	zu Wild, Wildgeflügel, regionalen Spezialitäten	4–10 Jahre	❸–❹

[1] Trinkreife Jahrgänge: Seite 29; [2] ideale Speisen zum Wein: Seite 56/57

Limoux: die Super-Schäumer

In Frankreich streitet man sich seit langem darüber, wer den Schaumwein erfunden habe. Limoux hat gute Chancen, diese Auseinandersetzung für sich zu entscheiden: Seine Weine gab es jedenfalls bereits gut 200 Jahre früher als die der Champagne, nämlich nachweisbar bereits im 16. Jahrhundert.

Die Region rund um das verschlafene Städtchen Limoux im Hochtal des Flusses Aude profitiert von einem ganz besonderen Mikroklima, das hier eine Spezialität möglich macht, die teilweise mit den besten Champagnern mithalten kann: den Crémant de Limoux oder seine archaischere Form, die Blanquette.

Bereits im 16. Jahrhundert wurde hier ein moussierender Wein produziert, also einiges früher als in der berühmten Champagne. Ein Teil der Blanquette und der Crémant de Limoux werden gemäß der Champagnermethode hergestellt, und zwar aus den Traubensorten Mauzac, Chenin und Chardonnay. Diese werden mit modernsten Mitteln zu einem stillen Weißwein erster Güte verarbeitet, der auf Flaschen gefüllt und mit etwas Spezialhefe und Zucker angereichert wird. Dieser Zucker vergärt: in der Flasche entsteht die begehrte Kohlensäure. Es entwickelt sich ein Hefedepot, dass mittles einer komplizierten und aufwendigen Operation aus der Flasche entfernt wird. Diese wird nämlich nach und nach von der Horizontalen in die Vertikale gebracht, das Depot rutscht unter den Verschluss. Als nächstes wird der Flaschenhals in eine Kühlflüssigkeit getaucht. So kann das zu einem Pfropfen gefrorene Depot entfernt werden: die Flasche wird mit etwas Wein aufgefüllt.

Weintyp	★	🍷[1]	👄[2]	🍾	❶
AOC Blanquette de Limoux	★–★★	Einfacher, erfrischender Sekt	Aperitif und Umtrunk	1–2 Jahre	❷–❸
AOC Crémant de Limoux	★–★★★★	Schaumwein	«Champagner» allererster Güte	2–10 Jahre	❷–❹
AOC Chardonnay de Limoux	★★–★★★★	Vollmundiger saftiger Weißwein	Zu Hummer, Käse Innereien, Geflügel	2–10 Jahre	❷–❹

[1] Trinkreife Jahrgänge: Seite 29; [2] ideale Speisen zum Wein: Seite 56/57

Eine Blanquette de Limoux besteht zu mindestens 90 Prozent aus der einheimischen Sorte Mauzac. Sie besitzt daher eine ausgeprägtere Persönlichkeit als der Crémant, der nicht selten einem Champagner zum Verwechseln ähnelt. Die Blanquette, «méthode ancestrale», also nach alter Art erzeugt, ist eine rar gewordene Spezialität. Der Most kommt auf die Flasche, bevor er ganz durchgegoren ist. In der Flasche kommt es zu einer nur schwer kontrollierbaren Nachgärung, eine Operation, die nun allerdings den perfektionierten Keltergesetzen des Industriezeitalters zuwider läuft. Das Resultat ist im schlechtesten Fall fast untrinkbar, im besten Fall aber ein origineller, angenehmer, prickelnder Wein mit Restsüße.

Seit kurzem besitzt Limoux auch eine kontrollierte Ursprungsbezeichnung für stille Weißweine aus Chardonnay. Diese werden ganz ähnlich erzeugt wie große, weiße Burgunder. Der Most aus nach strengen Richtlinien angebauten und verlesenen Trauben vergärt in Fässern aus Eichenholz. Das Resultat darf sich trinken lassen! Wichtigster Produzent von Crémant, Blanquette und Chardonnay aus Limoux ist die Genossenschaftskellerei Sieur d'Arques, die mit zu den besten Betrieben dieser Art in Frankreich gehört.

Etappen der Herstellung

In Limoux werden erstaunliche Schaumweine gemäß der Champagnermethode hergestellt. In einer ersten Phase produziert man dazu einen trockenen Weißen mit guter Säure. Dieser wird mit anderen weißen Grundweinen zu einer so genannten Cuvée verschnitten und kommt in eine Champagnerflasche, zusammen mit etwas Zucker und Spezialhefe (oben). Der Zucker vergärt zu Alkohol, als Nebenprodukt entsteht Kohlensäure.

Das «Rütteln» ist eine der Etappen der Herstellung eines Crémant aus Limoux: Die Flasche wird langsam von der Horizontale in die Vertikale gebracht. Heute geschieht dies immer mehr mittels mechanischer Rüttelpulte.

Costières de Nîmes, vins de sable

An den Gestaden des Mittelmeeres wurzeln die Reben direkt im Sand, daher der Name Vin de sable (Sandwein).

Mit dem Namenswechsel von «Costières du Gard» zu «Costières de Nimes», wie er 1989 von der staatlichen, französischen Weinbaubehörde bewilligt wurde, demonstrieren die Winzer der 3000 Hektar Rebland ihr neues Selbstverständnis. Weg mit dem Namen «Gard», Synonym für Massenwein, hin zum Namen «Nimes», Begriff für eine Region wie Bordeaux oder Champagne, und äußeres Zeichen des Neuanfangs, der 1986 mit dem Aufstieg zur Appellation d'Origine begonnen hat.

Dass auf den steinigen, aus Ablagerungen der Rhône bestehenden hügeligen Böden der Costières hochstehende Weine produziert werden können, wusste schon Doktor Guyot, der Erfinder der modernen Rebkultur, als er 1862 schrieb: «Kennzeichen für die Weine von Saint-Gilles ist ihre intensive, purpurn glänzende Farbe. Sie haben Körper, Nerv und Biss und werden nicht selten als Grundlage für Imitationen ausländischer Weine wie Madeira oder Porto gebraucht.» Körper und Nerv haben die besten Rotweine auch heute noch und machen sie zum idealen Begleiter für gegrilltes Fleisch, während die eher raren Weißweine gut zu provenzalischen Fischspeisen passen. Die Costières gehören zu den Appellationen des Südens, die

Weintyp	★	[1]	[2]		❶
Costières de Nimes	★–★★★	einfache Alltagsweine, vollmundige Rotweine	Alltagsküche kräftige Speisen	2–8 Jahre	❶ – ❸
Vins de sable du Golfe du Lion	★–★★	einfache Rosés fruchtige Weißweine fruchtige Rotweine	Ferienweine, zu einfacher, südlich-regionale Küche	1–3 Jahre	❶ – ❷

[1] Trinkreife Jahrgänge: Seite 29; [2] ideale Speisen zum Wein: Seite 56/57

in den nächsten Jahren noch mehr von sich reden machen werden.

Vins de sable: Weine aus dem Sand

Von den Gestaden des Mittelmeers, zwischen Montpellier und Aigues Mortes kommt eine Kategorie Weine, die zwar noch nicht die kontrollierte Ursprungsbezeichnung AOC besitzt, aber doch eine Erwähnung verdient: die so genannten «vins de sable», die Sandweine, deren Reben direkt im Dünensand wurzeln. Bekanntestes Produkt ist der lachsfarbene «Gris de gris» der Genossenschaftskellerei Listel, die aber auch ganz interessante Weiß- und Rotweine keltert. Die «vins de sable» sind klassische Ferienweine, die an einem Sommertag im Restaurant von Aigues Mortes oder le Grau du Roi, natürlich besser schmecken als an einem traurigen Wintertag in Hannover oder Köln!

Der Riesenbetrieb Listel ist Synonym für Ferienweine aus dem Languedoc-Roussillon. Die Reben für den Gris de gris wachsen buchstäblich im Sand.

Die Land- und Tafelweine

Almé Guibert von Mas de Daumas-Gassac ist der König des Languedoc. (Bildseite rechts). Mitte der siebziger Jahre hat er einen Wein geschaffen, der völlig alleinsteht in der Landschaft des Languedoc-Roussillon. Er entschied sich für naturnahen Anbau, kümmerte sich einen Dreck um Anbauvorschriften, wählte Sorten, die nicht zum traditionellen Rebsatz der Region gehörten, entwickelte ganz eigene Techniken, baute seine Weine aus wie große Bordeaux – und erzielte bald auch deren Preis! Seine Rot-, Weiß-und Roséweine bilden eine Kategorie für sich. Aufgrund ihres hohen Preises sind sie allerdings dem Kenner vorbehalten.

Eigentlich bezeichnen die Begriffe Landwein (vins du pays) und Tafelwein (vins de table) eine Kategorie von Weinen, die nach weniger strengen Anbauvorschriften gewonnen werden als die sogenannten AOC Weine (AOC = Appellation d'origine controlé, kontrollierte Ursprungsbezeichnung, Erklärung siehe Seite 26). Erlaubt sind nicht nur alle möglichen Traubensorten, sondern auch weit höhere Erträge, was der Qualität immer abträglich ist. Ein Großteil der Weine des Languedoc-Roussillon gehören nach wie vor zu dieser Kategorie, einfache, preisgünstige Alltagsweine zuverlässiger, aber kaum je überragender Qualität.
Einem Querkopf ist es zu verdanken, dass diese Regel nicht immer gilt: Aimé Guibert von Daumas-Gassac in Aniane, nicht weit von Montpellier. In den siebziger Jahren verwirklichte er seine fixe Idee, im Languedoc einen großen Wein zu keltern, der den besten Bordeaux-Weinen das Fürchten beibringt. Weil ihm die Anbaureglemente der damaligen Zeit ungeeignet schienen, drehte er dem Institutionalismus den Rücken und verwirklichte seinen Traum gleichsam im vogelfreien Raum. Rasch wurde sein aus Cabernet Sauvignon und anderen damals in der Region kaum verwendeten Trauben zum teuersten und besten so genannten Landwein Frankreichs. Weil sein Unternehmen vom Erfolg gekrönt war, mangelte es ihm zeitweise nicht an Nachahmern. Inzwischen haben sich die Anbaureglemente der Appellationen häufig gelockert: die Tendenz zu «Nobel-Landweinen» aus dem Languedoc-Roussilon scheint gestoppt, sehr zur Freude der Verteidiger der staatlich kontrollieren Ursprungsbezeichnung, denen der Unruhestifter Guibert schon immer ein Dorn im Auge war!

MAS
DE
DAUMAS GASSAC
VIN DE PAYS DE L'HERAULT
HAUTE VALLÉE DU GASSAC
MIS EN BOUTEILLE AU DOMAINE

Natürlich süß: Vins doux naturels

«Vins cuits» «gekochte Weine» nannten die Franzosen früher die süßen Weine. Nachdem der Trend heute zurück zur Natürlichkeit und Unverfälschtheit geht, haben sie zu einem neuen Begriff gefunden: vins doux naturels, auf natürliche Art hergestellte, süße Weine. Ihr Herstellung geht auf eine Entdeckung des Arztes Arnold de Vilanova aus Perpignan zurück. Bereits im Jahre 1285 fand er heraus, dass Hefe zwar den Zucker im Most in Alkohol umwandelt, bei Zusatz von hochprozentigem Weinbrand aber den Geist aufgibt.
Diese Entdeckung macht man sich noch heute zunutze. Man lässt den Most aus besonders spät gelesenen Trauben vergären und stoppt die Gärung durch Zugabe von Weinalkohol. So behandelt, behält der Wein bei einem Alkoholgehalt von 15 bis 18 Volumenprozent einen gehörigen Rest an unvergorenem Zucker.

Die vier «süßen» Regionen

Um einen konzentrierten Most zu erhalten, wird der Ertrag rigoros beschränkt. Die erlaubte Höchstgrenze liegt bei 30 Hektolitern pro Hektare, wird in der Regel aber unterboten. Erzeugt werden die Süßweine in vier Regionen.

Auf Mas Amiel in Maury wird der Wein, der in großen Glasballonen lagert, Wind und Wetter ausgesetzt. So erhält er seine eigenwilligen, an Feige und orientalische Gewürze erinnernden Aromen.

Maury grenzt an das Gebiet der Corbières. Seine Süßweine werden aus der Sorte Grenache noir hergestellt. Pro Jahr werden 42 000 Hektoliter Wein erzeugt; die Erntemenge liegt durchschnittlich bei 24 Hektolitern pro Hektar. Maury gibt es als eine fruchtig-süße, jung zu trinkenden Variante, als Rimage, dem Jahrgangsport verwandt, oder in einer lang im Holzfass oder in Glasballons gereiften, granatroten und geheimnisvoll nach Feige, Leder, Kakao und Gewürzen duftenden Variante.

Rivesaltes produziert weiße und rote Süßweine aus den Sorten Grenache noir, Maccabeu, Malvoisie, Muscat und Grenache blanc. Diese werden entweder sortenrein ausgebaut oder aber als Verschnitt angeboten. Ein Rivesaltes kann ein übel riechender, klebriger, billiger Aperitifwein sein, aber auch eine herrlich geläuterte, lange gereifte Spezialität, die schön zu Schokoladenkuchen passt.

Der *Muscat de Rivesaltes* wird aus den Sorten Muscat à petits grains und Muscat d'Alexandrie gewonnen, im besten Fall handelt es sich dabei um einen besonders leckeren Aperitif- oder Dessertwein.

Die unterschätzten, herrlich würzigen roten Süßweine der Appellation *Banyuls* gleichen im besten Fall einem guten Portwein. Sie werden in denselben vier Gemeinden an der Côte Vermeille erzeugt, die auch den trockenen Collioure produzieren. Um die steil abfallende Küste urbar zu machen, legten die Winzer Terrassen an. Banyuls und Banyuls Grand Cru wird aus Grenache und Cinsault gekeltert, der Ertrag liegt durchschnittlich bei mageren 18 Hektolitern pro Hektar.

Ausgezeichnete Süßweine aus der Muskatellertraube kommen auch aus den Orten Saint-Jean de Minervois, Lunel, Frontignan und Mireval. Es handelt sich um herrliche Weine von geradezu biblischem Charakter, die, in kleinen Dosen genossen, regelrechte Seelentröster sind.

Maury und Schokolade - für Kenner eine geradezu sensationelle kulinarische Kombination.
Auf Mas Amiel bietet man daher nicht nur Wein, sondern auch Schokolade zum Kauf an.

Weintyp	★	[1]	[2]	[3]	❶
AOC Maury	★★–★★★★	wie Banyuls	wie Banyuls	1–100	❷ – ❹
AOC Rivesaltes	★–★★★	hellrot, süß, «rancio»	Desserts, Wurstwaren	1–100 Jahre	❷ – ❹
Muscat de Rivesaltes	★–★★★	duftig, süß	Apertif Käse, Dessert	1–10 Jahre	❷ – ❸
AOC Banyuls Banyuls Grand cru	★★–★★★★★	süße Rotweine unterschiedlicher Art	Desserts, Wein zum Meditieren	1–100 Jahre	❷ – ❺

[1] Trinkreife Jahrgänge: Seite 29; [2] ideale Speisen zum Wein: Seite 56/57

Die kulinarischen Hochzeiten

Kein Gericht, zu dem man nicht mindestens einen passenden Wein aus dem Languedoc findet! Kräftige Rotweine zu Braten und Wild, leichte Rote zu mediterran angehauchter Sommerküche, einen Muscat zu Großmutters Mirabellentorte, einen Maury zum Schokoladendessert…

Größtes Vergnügen aber bereitet es, im Süden zu reisen, die besten Kombinationen von regionaler Küche an Ort und Stelle auszuprobieren und zu Hause nachzukochen, so quasi zum Aufbereiten von Ferienerinnerungen!

Das Languedoc ist ein Schmelztiegel von Kulturen, und das hat auf die Küche abgefärbt. Die Produkte des Meeres, der fruchtbaren Ebene und der weitläufigen Gebirge bereichern auf geradezu selbstverständliche Art den Speisezettel. Fisch und Meeresfrüchte, Getreide, Gemüse, Obst, Lamm, Geflügel, Käse, Honig, Olive und deren Öl – die Bandbreite der Frischprodukte steht der Palette der Weine in nichts nach. Die meisten Rezepte sind so einfach, dass kaum etwas schiefgehen kann beim Nachkochen!

Einfach ist Trumpf

Gibt es etwas Herrlicheres als reife, saftige Feigen aus Minerve, mit etwas Trockenwurst und Rohschinken aus der Montagne noire serviert, und dazu ein Glas eines roten Minervois von Château la Tour boisée? Oder Kartoffeln, in der Schale gegart, mit etwas Frischkäse und wenig Essig serviert, dazu einen fruchtigen Weißwein aus la Clape oder Limoux. Oder etwa gekochte weiße Bohnen, einfach im Gänseschmalz gegart, dazu einen fruchtigen Côtes du Roussillon?

Die Küche des Mittelmeerraums ist gesund, leicht und farbenfroh. Zu den Weinen des Languedoc-Roussillon besteht eine natürliche Seelenverwandtschaft.

Oder weiße Bohnen, im Salzwasser gargekocht, serviert zu Tranchen gut entsalzenen Stockfischs, etwas Knoblauch, Weißweinessig und Olivenöl, begleitet von einem kräftigen, roten Coteaux du Languedoc? Oder Schweinekottelets, mit einer Mischung aus Honig und Olivenöl gewürzt, auf den Holzkohlefeuer gebraten, und dazu einen roten Pic Saint-Loup oder gar einen süßen, alten Rivesaltes? Oder gebratenene Lammchops, einfach mit etwas Rosmarin und Thymian gewürzt, und dazu einen roten Cabrières?

Doch die Weine des Languedoc passen auch hervorragend zu Gerichten der italienischen, spanischen oder nordafrikanischen Küche. Wählt man sie zu heimischer Hausmannskost, wird man einzig darauf achten, nicht die schwersten, alkoholreichsten Rotweine auszusuchen und auf allzu fettreiche Speisen zu verzich-

Einfach und schmackhaft: Boles de Picolat, ein traditionelles Gericht aus dem Roussillon. Es handelt sich um Kugeln aus RIndfleisch, in einer würzigen Tomatensauce, die man mit blättrig geschnittenen Steinpilzen anreichern kann.

ten – zu denen passt ein bekömmlicher Wein aus dem Norden mit spürbarer Säure einfach besser.

Apropos Alkohol: Die Weine des Südens werden grundsätzlich nicht künstlich angereichert. Die südliche Sonne und zuckerreiche Sorten wie die Grenache ergeben Weine, die schon mal 14 Volumenprozent Alkohol auf die Mostwaage bringen. Eine halbe Flasche pro Person zu einer Mahlzeit reicht da vollauf, das Leben etwas lebenswerter erscheinen zu lassen...

Wer kulinarische Abenteuer schätzt, wage sich an ganz besondere Kombinationen: Warum nicht ein Stück Schwarzwälder Torte zu einem kräftigen, süßen Maury, einen Teller Blut- und Leberwurst mit Apfelkompott zu einem alten Banyuls, etwas Emmentaler Käse zu Nüssen, frischen, weißen Trauben und einem milden, süßen Muscat?

Im Languedoc-Roussillon ist man Jäger vom Vater zum Sohn.
Deftige Wildgerichte sind daher besonders beliebt wie Hasenpfeffer in Rotweinmarinade.

Welcher Wein zu welcher Speise?

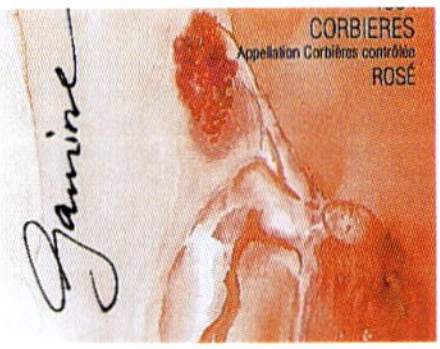

Weintypen	Weine
Fruchtiger Rosé oder Weißwein	Listel gris de gris oder weiß; Picpoul de Pinet La Clape weiß
Einfacher, fruchtiger Rotwein	Die Basiswein der meisten Betriebe, einfacher St. Chinian, Coteaux du Languedoc, Corbières
Eleganter, kräftiger, vollmundiger Rotwein	Die besten Rotweine aus Cabrières, Saint Georges d'Orques, den Côtes du Roussillon
Gehaltvolle Rotweine	Fitou, Pic Saint Loup, die gehaltvollsten Collioure
Süße Muskatellerweine	Muscat de Rivesaltes, de Lunel, de Saint Jean de Minervois, de Frontignan.
Süßweine Dessertweine im Portweinstil	Maury und Banyuls vintage, Rivesaltes «rancio»

Zur Wahl der Jahrgänge: siehe Trinkreife-Tabelle Seite 29.

Regionale Küche	Speisen generell	
Austern und Muscheln vom Etang de Thau, Meeresfrüchte aus dem Mittelmeer, Tièlle Sètoise (eine Art zugedeckte Pizza mit Meeresfrüchten), Tomatenrisotto.	Umtrunk, Aperitif, Fisch und Meeresfrüchte.	
Teigwaren, Risotto, Eintopf, weiße Bohnen, Cassoulet (Bohneneintopf mit Gänsefleisch)	Einfache, ländliche Küche, Alltagsgerichte aus aller Welt, Gerichte der Nordafrikanischen Küche.	
Würzige Grilladen von Rind, Lamm, Rinderbraten, Kaninchen, Schweinskotteletts mit Honig. Lammkeule mit Rosmarin.	Alle Grilladen, Fleischspeisen, Ragouts, Sonntagsbraten, Geflügel.	
Wild, Wildgeflügel, Hasenpfeffer, gebratene Ente am Spieß, Hartkäse.	Alle Wildgerichte, alle kräftigen Braten, auch in Weinsauce.	
Zum Aperitif, zu Süßpeisen, zu Apfelkuchen mit Vanilleeis, zu Käse, zu Trockenfrüchten, zu Honigmelone	Zum Umtrunk, zu Häppchen, zu Desserts mit Früchten, zu Ziegenkäse	
Zu Schokoladenkuchen, zu Roquefortkäse, zu allen Desserts.	Zu gehaltvollen Süßpeisen mit Schokolade, Schwarzwälder Torte, zu Hartkäse.	

Die schönsten Güter, die besten Weine

Noch vor kurzem wurden die besten Weine des Languedoc-Roussillon nur direkt ab Gut verkauft und kaum je exportiert. Der Einkauf vor Ort lohnt sich auch heute noch, obschon der Weinhandel sich mehr und mehr für die Rebensäfte aus Frankreichs Sonnenstube interessiert. Fragen sie Ihren Vertrauenshändler nach den nachfolgend aufgeführten Gütern!

Die Sterne führen zu den qualifizierten Gütern. Meist wird eine Bandbreite der offerierten Qualitäten angegeben. ★–★★★ bedeutet beispielsweise, dass dieses Gut vom ehrlichen Alltagswein bis zum feinen Festwein alles erzeugt. Die Preiskategorien der einzelnen Weine sind mit den bereits bekannten Münzsymbolen ❶ – ❺ vermerkt. Was das an Geld bedeutet, sehen Sie auf Seite 31. Alle Weine samt Seitenhinweis finden sich auch im Index auf Seite 79.

Vinoteca

Der Weinratgeber, der ständig aktuell bleibt

Natürlich ändert sich das Angebot ständig, die Qualität der Weine von Jahrgang zu Jahrgang. Um stets aktuell zu bleiben, bedient sich die Vinoteca des Internets. Dort steht eine Website zur Verfügung, die vom internationalen Weinmagazin Vinum unterhalten wird. Sie finden dort Resultate und Kommentare der neusten Verkostungen: www.vinoteca.falken.de.

Gutschein für aktuelle Weinlisten

Wenn Ihnen das Netz der Netze noch ein Buch mit Sieben Siegeln ist, so profitieren Sie vom Gutschein, der diesem Band beiliegt. Damit können Sie direkt bei Vinum kostenlos das aktuellste Verzeichnis mit den Benotungen der Weine des Languedoc anfordern.

Vinum
GUTSCHEIN FÜR WEIN INFORMATION

Die meisten Winzer des Languedoc-Roussillon verkaufen direkt ab Hof – meist zu interessanten Bedingungen. Allerdings kann es dabei schon passieren, dass sie die rare Spitzencuvée für Stammkunden unter Verschluss halten. Mehr und mehr geraten auch die guten Weine des Languedoc in den Export. Wer also nicht an Ort und Stelle einkaufen will und kann, wende sich an den Weinhändler vor Ort, der zumindest mit Rat weiterhelfen kann.

COSTIÈRES DE NIMES

Château Mourgues du Grès ★–★★★
F-30300 Beaucaire
Seit 1963 amten die Collards auf dem Gut, das früher dem Ursulinenkloster von Baucaire gehörte. Heute kümmert sich François Collard darum und keltert mit die schönsten Rotweine ❷–❸ und Rosés ❶ der Costières de Nimes. Beide sind ungemein fruchtig und frisch, ohne dabei an Charakter zu mangeln. Der Rotwein besitzt gar ein beträchtliches Reifepotential. Eine entdeckenswerte Adresse, für Kenner wie für Einsteiger geeignet. Unschlagbares Preis/Leistungsverhältnis.

COTEAUX DU LANGUEDOC

Mas Jullien ★–★★★★
F-34725 Jonquières
Seine Weine tragen zwar «nur» die Appellation Coteaux du Languedoc. Das scheint jedoch seine Liebhaber wenig zu stören, denn sie sind so gut wie ständig ausverkauft. Olivier ist der jüngste einer alten Winzerfamilie der Region am Fuße des Larsac-Gebirges, nicht weit vom Städtchen Clérmont l'Hérault. Sein fleischiger Rosé ❷, die weiße Cuvée «Les vignes oubliées» ❷ oder die herrlich eigenständigen Rotweine Depierre, Cailloutis und Les Oeillades ❸ gehören heute mit zu den großen Weinen Frankreichs. Für Kenner.

Domaine Peyre Rose ★–★★★★
F-34230 Saint Pargoire
Marlène Soria, eine ehemalige Immobilienmaklerin, zog sich Anfang der achtziger Jahre in die Einsamkeit eines halb verfallenen Weilers unweit des verschlafenen Dörfchens Saint Pargoire zurück, auf halben Wege zwischen Béziers und Montpellier, um an diesem von Gott und der Welt verlassenen Ort ihren eigenen Wein zu machen. Mittels Bulldozer und Sprengstoff verwandelte Marlène Soria 21 Hektar scheinbar unfruchtbaren steinigen Brachlandes in ein kleines Rebenparadies. Lange gab es nicht einmal Strom und Trinkwasser im abgelegenen Peyre Rose. Doch unter den Weinkennern der Welt reißt man sich um jede Flasche der spärlichen Produktion. «Schistes» ❸ und «Syrah Léone» ❸ heißen zwei ihrer besten Cuvées, die sich durch ihre Eigenständigkeit und außerordentliche Fruchtkonzentration auszeichnen. Daneben produziert Marlène Soria ebenfalls einen interessanten, fruchtigen, gut strukturierten Rosé ❷ für Kenner.

Mas des Chimères ★–★★★
F-34800 Octon
In Octon, am Ende der Welt, an den Ufern des Lac de Salgou und unweit vom Geisterdorf Celles, das Mitte der sechziger Jahre zum Opfer der Fluten des steigenden Stausees wurde, keltert Guilhem Dardé, ein Winzer von echtem Schrot und Korn, eigenwillige, besonders fruchtige, kräftige und robuste Rotweine. ❷–❸ Dardé gehört zu den Geheimtipps der Region! Eine Adresse, die es zu entdecken gilt.

Mas Bruguière ★★–★★★★
Terroir Pic Saint Loup
F-34270 Valflaunès
Guilhem Bruguière ist seit 1974 für die Verwaltung des wunderschön gelegenen Gutes an den Flanken des Pic Saint-Loup, unweit von Montpellier, zuständig. Er bewirtschaftet zwischen Valflaunès und Saint Martin de Londres auf ausgezeichneten, mageren, weißen Schotter-

böden neun Hektar Rebgärten, die zum Großteil mit Grenache und Syrah bepflanzt sind. Die satten, vollmundigen und großzügigen Weine ❸ von Guilhem Brughière reifen ausgezeichnet und gehören mit zu den besten der Coteaux du Languedoc. Die Spitzencuvée ❹ ist gesucht und rar.

Château la Roque ★–★★★
Teroir Pic Saint Loup

F-34270 Fontanes

Die 42 Hektar großen Rebberge von Château la Roque liegen am Fuße der Ausläufer des Pic Saint Loup-Gebirges in einer Art natürlichen Amphitheaters. Auf einer durchschnittlichen Höhe von 200 Metern genießen die Rebberge eine günstige Süd- und Südostlage. Der Anbau ist traditionell: durch häufiges Pflügen kann auf die Verwendung von Unkrautvertilgern verzichtet werden und der Einsatz von Kunstdünger ist verpönt. Die Ernte geschieht von Hand. Der höchst empfehlenswerte, saftige und kräftige Rotwein «Tradition» ❷ wird aus den Sorten Mourvèdre, Syrah und Grenache gekeltert, der in Eichenfässern ausgebaute Spitzenwein Cupa Numismae ❸ ausschließlich aus Syrah und Mourvèdre.

Domaine de l'Hortus ★★–★★★★
Terroir Pic Saint Loup

F-34270 Valflaunès

Der Weg zur Domäne de l'Hortus führt mitten ins Massiv der Berge Hortus und Pic Saint-Loup. Wie die Fänge eines Raubtiers wirken die Kalkfelsen, der eine Kaufläche, der andere Reißzahn. Wer bis zur Domäne vordringen will, muss sich in den Schlund vorwagen, gleichsam die Mund-Höhle des Löwen. Am Ende winkt die Begegnung mit Jean Orliac, der sich nach abgeschlossenem Landwirtschaftsstudium in diese pittoreske Landschaft zurückgezogen hat und hier auf über 20 Hektar zwei vielbeachtete Rotweine keltert, die «Cuvée classique» ❸ aus Syrah und Grenache und die viel beachtete «Grande cuvée» ❹ mit einem schönen Anteil an Mourvèdre, ein kräftiger, herber Lagerwein, den viele für den besten Pic Saint Loup überhaupt halten. Eine Adresse für Kenner.

Domaine de l'Aupilhac
Terroir Montpeyroux

F-34150 Montpeyroux

Die Rebberge liegen am Fuße der Larsac-Berge. Sylvain Fadat, ein Vollblutwinzer der jüngeren Generation, keltert einen besonders fruchtigen Tafelwein ❷ aus Trauben alter Carignan-Stöcke, die ohne weiteres als einer der wenigen wirklich guten, reinsortigen Weine der ganzen Region bezeichnet werden kann. Der AOC Montpeyroux ❸ des gleichen Betriebes ist ein charaktervoller, kerniger und vollmundiger Tropfen, der besonders gut zu Wild und Braten in Weinsauce mundet.

Château Cabrières ★★★
Terroir Cabrières

Das Terroir von Cabières besteht aus Schiefer, auf der die Sorte Syrah besonders gut gedeiht. Seit dem 8. Jahrhundert werden hier Weine besonderer Qualität angebaut. Mit 380 Hektar ist Cabrières das kleinste Weinanbaugebiet des Languedoc, das zu 95 Prozent von den 110 Teilhabern der Winzergenossenschaft bewirtschaftet wird. Château Cabrières ❸ ist deren beste Marke: ein fruchtiger, eleganter Tropfen, der in kleinen Eichenholzfässern (Barriques) ausgebaut wird. Eine ausgezeichnete Adresse für Einsteiger mit beschränkten Mitteln.

Domaine Clavel ★–★★★★
Terroir la Méjanelle
F-34160 Saint Bauzille de Montmel
Seine Karriere als Weinmacher hat Pierre Clavel 1986 begonnen. Ein Jahr, nachdem die Coteaux du Languedoc zur Appellation kontrollierter Herkunft (AOC) erkürt worden waren, pachtete er 37 Hektar im Terroir La Méjanelle. Die schwierigen Anfangsjahre sind heute vergessen: Mittlerweile zählt Pierre Clavel zum engen Kreis der «jungen Wölfe» des Languedoc und produziert weniger Wein, als er verkaufen könnte. Seit 1992 füllt er seinen Spitzenwein separat unter dem Namen Copa Santa ab, ein herrlich fruchtiger, großzügiger, vollmundiger Wein ❸, der in kleinen Eichenfässern reift. Empfehlenswert auch die einfache Cuvée. ❷

Château de Flaugergues ★–★★★★
Terroir la Méjanelle
F-34000 Montpellier
Bereits die Römer legten hier Rebberge und Olivengärten an. Château de Flaugergues stammt aus dem 18. Jahrhundert. Die 30 Hektar Rebfläche sind zu 47 Prozent mit Grenache, zu 30 Prozent mit Syrah und zu 15 Prozent mit Mourvèdre bestockt und liegen auf La Méjanelle, einer der 12 Lagen der Coteaux du Languedoc. Der Spitzenwein des Gutes trägt die Aufschrift «Elevé en fûts de chêne» ❸ und reift in kleinen Holzfässern. Würzig und kräftig, lässt er sich einige Jahre lagern.

Château de l'Engarran ★–★★★
Terroir Saint Georges d'Orques
F-34880 Laverune
Zwischen Laverune und Juvignac, in einem letzten Stückchen heiler Welt mitten in einem Gewirr von Autobahnzubringern, versteckt sich eines der verrücktesten Barockschlösschen von Montpellier. Château de l'Engarran stammt aus dem 18. Jahrhundert und wird seit drei Generationen von Frauen geleitet, und mit Erfolg! Heute teilen sich die Schwestern Diane Losfelt und Constance Rérolle die Weinbereitung und Kommerzialisierung. Jedes Jahr werden 160 000 Flaschen auf dem Gut abgefüllt. Syrah, Grenache und Carignan ergeben nach strenger Selektion im Rebberg einen eleganten, klassischen Rotwein ❷. Die Cuvée «Quetton Saint-Georges» ❸ ist der Spitzenwein des Hauses. Ferner werden ein frischer Rosé ❷ angeboten und ein Weißwein aus der Sorte Sauvignon ❶, der allerdings die Appellation «Vin de Pays d'Oc» trägt.

Domaine Henry ★–★★★
Terroir Saint Georges d'Orques
F-34680 Saint Georges d'Orques
Saint Georges d'Orques besitzt eines der interessantesten Terroirs des Languedoc. Von den Hängen aus kann man bei gutem Wetter bis zum Mittelmeer sehen. Allerdings muss sich die Weinbaulage heute gegen die alles verschlingende wuchernde Großstadt Montpellier behaupten. 1993 pachtete das Ehepaar Henry hier einen Keller mit 11 Hektar umliegenden Reben. Seither produzieren sie mit viel Fingerspitzengefühl besonders elegante, lebhafte und finessenreiche Weine. Die Rotweine werden nicht in der Eichenbarrique ausgebaut und geraten daher unkompliziert und angenehm. Empfehlenswert ist nicht nur die Spitzencuvée ❸, sondern auch der höchst angenehme, einfachere Paradines ❷ und der außerhalb der Appellation contrôlée gewonnene Chardonnay ❷, der viel Frische besitzt.

Château Le Capitoul ★–★★★
Terroir la Clape
F-11100 Narbonne
Seitdem Charles Mock das Gut seines Grossvaters übernommen hat, ist die Rebfläche auf stolze 94 Hektar angewachsen. Die Rebberge liegen ausschließlich auf der Halbinsel La Clape. Auf Le Capitoul wird einer der interessantesten Rosés ❷ der Region produziert (45 Prozent der Gesamtproduktion). Doch der rote und der weiße Capitoul ❸ sind ebenfalls empfehlenswert.

Château Pech Redon ★–★★★
Terroir la Clape
F-11100 Narbonne
Das Gut kam 1988 in den Besitz von Christophe Bousquet, einem ausgebildeten Weinfachmann, und dessen Vater. Seither verwalten sie gemeinsam den Besitz. Auf stolzen 35 Hektar werden Weine der Appellation La Clape erzeugt – die Rebberge liegen auf dem eigentlichen Kalkplateau der Halbinsel in besonders günstiger, südöstlicher Ausrichtung. Weitere 7 Hektar dienen der Produktion von einfacheren Landweinen. Pech Redon bietet nicht nur einen sehr empfehlenswerten Rosé an ❷, sondern auch einen würzigen, kräftigen und vollmundigen Roten ❸.

Domaine de l'Hospitalet ★–★★★
Terroir la Clape
F-11100 Narbonne
Domaine de l'Hospitalet ist ein weintouristisch angelegtes Gesamtkunstwerk mit 90 Hektar Reben, mehreren Museen, eigenem Restaurant und Hotel. Seine geschliffenen, gar etwas modisch wirkenden Weine ❷ sind perfekt gemacht und unterstehen dem Bordelaiser Weinberater Michel Rolland. In jüngster Zeit steckte das Gut in finanziellen Schwierigkeiten. Das hat sich bis anhin nicht auf die Weinqualität ausgewirkt, könnte aber Einfluss auf die Betriebsführung haben und das touristische Angebot einschränken.

Domaine Gaujal ★–★★
Terroir Picpoul de Pinet
F-34850 Pinet
«Cuvée Ludovic Gaujal» heißt der Weißwein des Gutes, eine Hommage von Sohn Claude Gaujal an seinen Vater Ludovic, der den Betrieb aufgebaut hat. Neben trockenen Weißweinen ❷ bietet das Gut auch eine süße Variante aus spät gelesenen Trauben an (die allerdings nicht die Appellation Picpoul de Pinet tragen darf, da diese nur für trockene Weißweine gilt) und eine ganze Palette Landweine ❶/❷. Der trockene Picpoul von Gaujal ist ein eigenwillig würziger, sehr aromatischer, an Quitte und Anis erinnernder Wein mit schöner, frischer Säure, der hervorragend zu Meeresfrüchten passt. Für Liebhaber aromatischer Weißweine.

SAINT CHINIAN

Mas Champart ★–★★★
F-34460-Saint-Chinian

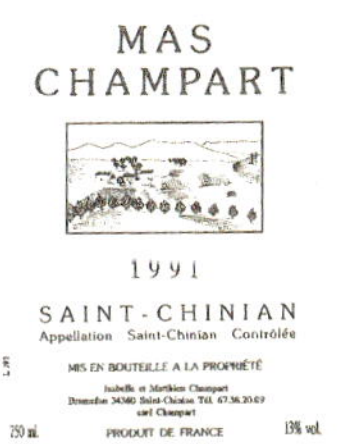

1976 begann Isabelle Champart mit dem Erwerb von Rebflächen in verschiedenen Anbaugebieten zwischen Saint Chinian und Villespassans. 1988 errichtete sie einen Keller mitten im Herzen dieser rauhen, kargen Landschaft. Heute gehören 17 Hektar zum Betrieb. Ein Teil der Trauben wird an die Genossenschaftskellerei geliefert, der Rest von der Winzerin selber gekeltert und kommerzialisiert. Zuverlässige, rasch trinkreife Rotweine ❷ für jede Gelegenheit.

Château Cazal Viel ★–★★★
F-34460 Cessenon

Die 32 Hektar Weinberge liegen im Süden der Appellation auf einer Höhenlage zwischen 100 und 205 Metern über dem Meeresspiegel. Die Rebsorte Syrah ist dominierend und wird ergänzt durch Grenache und Mourvèdre, die allmählich den Platz der traditionellen Carignan und Cinsault einnehmen. Die «Cuvée Georges Aoust» ❸ besteht ausschließlich aus alten Reben der Sorten Syrah und Mourvèdre – ein charaktervoller, kräftiger Wein für Kenner. Der eigentliche Cazal Viel ❸ ist so fruchtig und liebenswürdig und gefällig, dass auch Anfänger an diesem Wein viel Freude haben werden. Die Cuvée Prestige wird neun Monate lang auf

Holz ausgebaut, was ihr zusätzliche Rasse und Würze verleiht ❹.

Château Milhau Lacugue ★–★★★
F-34 Puisserguier
Joseph Lacugue war Metzgermeister in Beziers, bevor er 1969 einen Teil des Gutes erwarb. Seither hat er unermüdlich am Wiederaufbau des einst so stolzen Besitzes gearbeitet. Heute keltert er auf 45 Hektar eine ganze Anzahl verschiedener Cuvées, einfache Landweine ❶/❷ ebenso wie würzige, vollmundige Rotweine ❸ von klassischen Bau. Eine gute Adresse für Einsteiger!

Cave Rieu Berlou ★–★★★
F-34360 Berlou
Rund 100 Mitglieder meist erstaunlich jugendlichen Alters, 600 Hektar der besten Schieferböden der Appellation – zwei Gründe dafür, warum die erst 1965 gegründete Genossenschaftskellerei von Berlou zu den besten ihrer Art gehört. Anbau und Weinbereitung genügen hier höchsten Qualitätsansprüchen, und die Weinpalette darf sich durchaus sehen lassen: der einfachere «Schistel» ❷ ist ein guter Tafelwein für alle Gelegenheiten, und die Spitzencuvées Château des Albières, Prestige und Collection ❸ sind kräftige, rassige Lagerweine für besondere Gelegenheiten. Ihr vernünftiger Preis macht sie vor allem für den Einsteiger interessant!

FAUGÈRES

Château des Estanilles ★–★★★★
F-34480 Cabrerolles

Weil seine Nachbaren ihn «le fou», den Spinner nannten, nannte er seine jüngste Reblage «le clos du fou», die Lage des Spinners… Michel Louison war Elektriker in Genf, seine Frau Monique Hebamme, bevor sie 1976 eine Besitzung in Lentheric bei Cabrerolles erwarben. Nach und nach vergrößerten sie diese auf 25 Hektar und erbauten einen modern eingerichteten Keller. Mittlerweile gelten die Weine von Louison bei Kennern einiges. Die besten Cuvées sind so gesucht, dass man davon kaum eine Flasche auftreiben kann. Empfehlenswert sind aber auch die weißen Coteaux du Languedoc, ❷ der Rosé ❷, und die einfacheren Rotweine ❸. Eine Adresse für Kenner.

LIMOUX

Antech ★–★★★
Crémant und Blanquette de Limoux
F-11300 Limoux

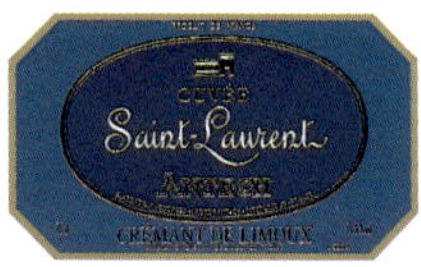

In der Familie Antech ist man Winzer und Weinhändler in fünfter Generation. Basis für die Schaumweine der beiden Brüder bilden 60 Hektar eigene Rebberge an hervorragender Lage, ergänzt durch Trauben aus 47 umliegenden Betrieben. Ihre Crémants ❸ und die originellen Blanquettes ❷ sind besonders zuverlässig, sauber und frisch.

Caves du Sieur d'Arques ★–★★★★
Crémant und Blanquette de Limoux, Chardonnay de Limoux
F-11303 Limoux

Die Winzergenossenschaft mit ihren 500 Mitgliedern wurde 1948 gegründet und verarbeitet heute die Produktion von 1200 Hektar Reben, drei Viertel der gesamten Appellation Blanquette und Crémant de Limoux. 6 Millionen Flaschen Schaumwein aus kontrollierter Herkunft werden hier jährlich abgefüllt – und noch einmal die gleiche Menge stille Weine. Dank einer drakonischen Qualitätspolitik gehört die Kellerei zu den besten ihrer

Art in ganz Frankreich. Sie bietet nicht nur eine ganze Palette höchst preisgünstiger Tafelweine ❶ für alle Gelegenheiten an, sondern auch mehrere «Cuvées» aus der Sorte Chardonnay, ❸–❹ die hier so ausgezeichnet gerät, dass sie vor kurzem eine eigene «Appellation d'origine contrôlée» zugesprochen erhalten hat, was für Frankreich geradezu einmalig ist. Paradepferd sind aber die ausgezeichneten Schaumweine der Appellation «Crémant de Limoux», ❹ hergestellt wie ein Champagner – und nicht weniger gut! Die beste Adresse für Weineinsteiger mit kleinem Budget und wenig Zeit: in einem einzigen Betrieb finden Sie genügend Wein vereinigt, um daraus einen ganzen Keller mit Rebensäften für jede Gelegenheit zusammenzustellen!

CORBIÈRES

Château Hélène ★–★★★★

F-11800 Barbeira

Nach einer Ausbildung zur Psychologin und einer Winzerlehre übernahm Marie-Hélène Gau Ende der Siebzigerjahre das 23 Hektar große Weingut ihrer Großeltern und erfüllte sich damit einen Jugendtraum. Mittlerweile verfügt sie über 45 Hekar Rebgärten in Höhenlagen zwischen 80 und 250 Metern am Hang des Alaric-Gebirges, einem Ausläufer des Corbières-Massivs. Auf Terrassen aus Lehm und Kalk profitieren die Rebstöcke von viel Sonne und geringen Niederschlägen. Dank kleinen Erträgen und gewissenhafter Arbeit einer Besitzerin, die bei allen Arbeiten immer auch selber mit Hand anlegt, gehört Château Hélène seit Ende der Achtzigerjahre zu den führenden Betrieben der Corbières. Empfehlenswert sind sowohl die einfachen, erfrischenden Rot- und Roséweine ❷ und die ausgezeichnete «Cuvée Ulysse» ❸ als auch der Spitzenwein «Cuvée Hélène de Troie» ❹, der die Eleganz eines Bordeaux mit der Großzügigkeit des Südweins verbindet und fünf, sechs Jahre nach der Ernte zu seiner vollen Trinkreife findet. Ein Must!

Château de Lastours ★–★★★

F-111490 Portel des Corbières

Château de Lastours ist ein modernes, bewusst ökologisch ausgerichtetes Weingut, aber auch Eingliederungsstätte für 60 Behinderte, die hier dank interessanter Arbeit zu neuem Selbstbewusstsein finden. Es liegt im Herzen der Corbières, direkt an der ehemaligen Handelsstraße Via Mercaderia, die im 12. Jahrhundert Narbonne mit Spanien verband. Die gut 150 Hektar Rebberge erstrecken sich auf einzigartigen Lagen mit kargen steinigen Böden bis in 300 Meter Höhe. Lastours ist nicht nur vorbildlich, was die sozialen Aspekte anbelangt, sondern auch, wenn es um die Qualität seiner Weine geht. Die Cuvée «Simone Deschampas» ❸ ist ein Paradebeispiel an Fruchtigkeit und und Fülle, und stellt sogar den in Eichenfässern ausgebauten Wein des Gutes ❸ in den Schatten.

Château Etang des Colombes ★–★★★
Château Saint-James

F-11200 Lezignan-Corbières

Sowohl Château Etang des Colombes als auch Château Saint-James blicken auf eine reiche Vergangenheit zurück. Seit drei Generationen befinden sich die beiden Güter nun in den Händen der Familie Gualco, zuletzt Henri und Françoise und deren Sohn Christophe. Henri Gualco ist einer der Qualitätspioniere der Region und sehr aktiv in der Vereinigung der «Caves particulières», der unabhängigen Winzer Frankreichs. Die Spitzencuvée heißt «Bois des dames», ❸ ein vollmundiger, würziger Wein, der einige Jahre reifen kann.

Château la Voulte Gasparets ⋆–⋆⋆⋆⋆
F-11200 Boutenac
Alles ist besonders auf la Voulte Gasparets in Boutenac unweit von Narbonne: Die 50 Hektar Rebberge auf sonnenverwöhnten, flachen Terrassen aus Quarz und Kies und Kalk. Die Technik der Weinbereitung, wie sie sonst nur für einfache Tafelweine benutzt wird, ergibt in der besonderen Interpretation von Jean Baldès und seinem Schwiegersohn Patrick Reverdy aber ungemein noble, distinguierte Weine. Der hohe Anteil an Carignan in der Spitzencuvée «Romain Poulc» ❹ der Traubensorte, die anderswo nur grobschlächtige, rustikale Weine ergibt. Ob es wohl am hohen Durchschnittsalter der Reben liegt, dass la Voulte Gasparets mit einen der ungewöhnlichsten Weine des Languedoc keltert? Ein Wein, der auch nach zehn Jahren noch erstaunlich mundet, in einem Alter, wo andere Weine der Gegend längst alt und blass aussehen? Ihre besondere Art macht die Cuvée «Romain Poulc» zu einem Wein für Kenner. Einsteiger halten sich besser an die zuverlässige «Cuvée reservée», ❸ den fruchtigen Rosé und den aromatischen, einfachen Weißwein ❷.

FITOU

Château de Nouvelles ⋆–⋆⋆⋆
F-11350 Tuchan
Die Familie Daurat Fort ist seit 160 Jahren Eigentümer von Château de Nouvelles. Die 76 Hektar zählenden Rebgärten liegen zur Mittelmeerküste hin ausgerichtet und bringen nicht nur Weine der Appellation Fitou hervor, sondern auch Corbières, Rivesaltes und Muscat de Rivesaltes. Wer die Kellerei der Daurat Fort besucht, hat den Eindruck, die Zeit sei stehen geblieben, wenn er zwischen den riesigen Eichenholzfässern herumspaziert, in denen die besten Weine des Gutes ausgebaut werden. Der Fitou gerät herrlich unmodern, ein würziger, nach Leder, gekochten Beeren und orientalischen Gewürzen duftender, gleichsam biblischer Wein ❸. Die süßen Rivesaltes sind von ähnlich eigenwilligem Charakter. ❸ Für Kenner und Liebhaber dieses Stils.

Domaine Terre Ardente ⋆–⋆⋆⋆
F-11510 Caves

Aimé Fontanel benannte seinen Betrieb Terre Ardente, heiße, brennende Erde, weil die Böden seiner Rebberge tatsächlich unter dem gleißenden Sonnenlicht zu brennen scheinen. Seit mehr als 100 Jahren bewirtschaftet die Familie Fontanel das Weingut im verschlafenen Dörfchen Caves zwischen Narbonne und Perpignan. Die 33 Hektar, größtenteils in der Appellation Fitou, sind vorwiegend mit Grenache Noir und Carignan bestockt, mit einem geringeren Anteil Syrah und Mourvèdre. Die Weine geraten füllig und fruchtig und angenehm ausgewogen – ein Stück Sonne im Glas – und sind auch für Einsteiger interessant ❸.

Château les Fenals ⋆–⋆⋆⋆
F-11510 Fitou

Das 25 Hektar große Weingut liegt auf dem Küstenstreifen zwischen Narbonne und Perpignan, am Fuße des Corbières-Massives. Fenals blickt auf eine lange Geschichte zurück. Als zwei Jahrhundert alte Bastide kam es 1589 in den Besitz der Familie Aragon und diente bis zu Beginn der französischen Revoltion als Landsitz. Voltaires Neffe war zu diesen Zeiten Verwalter. Seit 1970 ist Colette Roustanfontanel Winzerin auf Château les Fenals und produziert höchst zuverlässige Weine in 4 Appellationen: Fitou ❸, Corbières ❷, Muscat de Rivesaltes ❷ und Rivesaltes ❸.

MINERVOIS

Château Villerambert-Julien ★–★★★
F-11160 Caunes Minervois

Die Rebberge von Villerambert-Julien liegen auf Böden ungewöhnlicher Konstitution: Schiefer, vermischt mit rosarotem Marmor. Marmor aus der Region schmückt das königliche Versailles und die Treppe der Pariser Oper… «Opéra» und «Trianon» ❸ heißen denn auch die zuverlässig gekelterten Rotweine des Hauses, fruchtig und ausgewogen die erste, würzig und kräftig die zweite. Empfehlenswert auch der delikate und frische Rosé ❷.

Domaine la Tour Boisée ★★–★★★★
F-11800 Laure Minervois
«Ich bin der größte Konsument meiner Weine, darum mache ich Weine, die zuerst mir gefallen», meint Jean Louis Poudou und gibt sich damit nicht nur als Vollblutwinzer, sondern auch als Genießer zu erkennen. Önologisch perfekte, aber seelenlose Weine interessieren ihn wenig, dafür aber Rebensäfte, die einen ganz unverkennbaren, eigenen Stil besitzen. Erwähnen wir den wie ein Burgunder in neuen Holzfässern gekelterten Weißwein als Beispiel: Sorten wie Picpoul, Maccabeu und Grauburgunder ergeben einen unglaublich sanften, vollmundigen reichen Tropfen, der ihn zu einer der Besonderheiten der Region macht, schon allein, weil er Sorten verwendet, die eigentlich gar nicht vom Rebkataster vorgesehen oder anderswo längst schon aus diesem verschwunden sind. ❸
Von höchster Qualität ist auch der in Eichenfässern ausgebaute Spitzenwein «Cuvée Marie-Claude», ❸ ungemein fruchtig, vollmundig, dicht und lang. Er macht bereits im Alter von zwei, drei Jahren Freude, reift jedoch problemlos fünf Jahre und länger. Empfehlenswert auch der einfache Rotwein ❷, der nicht weniger fleischig und fruchtig ausfällt und höchstes Trinkvergnügen verspricht. Mit die beste Adresse der Appellation.

Clos Centeilles ★★–★★★★
F-34210 Siran
Daniel Domergue war Buchhändler in Montpellier. Im Alter von 27 Jahren hängte er diesen Beruf an den Nagel und verdingte sich als Rebarbeiter… Heute unterrichtet er im Nebenberuf Weinbau an der Universität von Montpellier, gerade so, als wolle ihn sein Passé als Intellektueller nicht loslassen… Von Wein versteht auch seine Frau Patricia einiges, die sich in Bordeaux zur Önologin ausbilden ließ. 1990 erstanden sie ein ziemlich heruntergekommenes, aber herrlich gelegenes Weingut im Minervois. Seither keltern die Domergues hier ihre eigenwilligen, unnachahmlichen Weine und haben einiges dafür getan, dass die Region heute die verdiente Anerkennung findet. Mehrere sehr unterschiedliche Weine werden erzeugt. Die Cuvée «Campagne de Centeilles» ❸ besteht fast ausschließlich aus Cinsault, einer anderswo nur für Rosé verwendeten Sorte, und ist sicher das beste Beispiel dieser Art aus der Region. Der «Clos Centeilles» ❸ ist eine Assemblage aus Syrah, Mourvèdre und Grenache, ein kräftiger, eleganter und vollmundiger Wein. Der fröhliche «Carignanissime» ❶ ist ein süffiger Trinkwein für jeden Tag. Die Cuvée «Guigniers de Centeilles» ❸ besteht ganz aus Pinot noir – einer für die Gegend ganz und gar unüblichen Sorte, von der die Domergue aber behaupten, dass sie schon früher hier angebaut worden sei… Eine Adresse für Kenner, und solche, die es werden wollen.

ROUSSILLON

Domaine Força Réal ★–★★★★

Mas de la Garrigue
F-66170 Millas

Força Réal liegt 20 Kilometer östlich von Perpignan. Die Domäne, einst Garnison an der Grenze zwischen Frankreich und Katalonien, lebt nicht nur vom Ertrag der Rebberge, sondern auch der Olivenhaine. Über 70 Hektar erstrecken sich in Höhenlagen zwischen 100 und 400 Metern auf Terrassen mit kargen, steinigen Böden. 40 Hektar sind dem Rebbau gewidmet. Die Erträge werden bewusst niedrig gehalten und erreichen kaum 30 Hektoliter pro Hektar im Schnitt. Força Réal erzeugt Weine der Appellation Côtes du Roussillon Villages, ❸ aber auch süßen Muscat de Rivesaltes ❷ und einen lohfarbenen Rivesaltes Vieux ❸. Die Syrah-Cuvée «les Hauts de Força» ❹ ist mit einer der besten Weine der Region. Eine besonders empfehlenswerte Adresse.

Château de Casenove ★–★★★★

F-66300 Trouillas

Etienne Montès war Fotoreporter von Beruf, bevor er sich ganz dem Wein verschrieb. Er keltert mit viel Fingerspitzengefühl und unter Einsatz modernster Mittel, gepaart mit viel Verständnis und Kenntnis lokaler Weinkultur eine Palette besonders eigenständiger Weine: einen ausgewogenen, aromatischen Weißwein ❷, einen fruchtigen Rosé ❷, einen konzentrierten Rotwein «Cuvée tradition» ❷ und den Spitzenwein «Commandant François Jaubert», ❸ reichhaltig, vollmundig, kräftig, manchmal fast exotisch anmutend. Fröhlich und aromatisch gerät sein Aperitifwein der Appellation Muscat de Rivesaltes ❷. Eine der empfehlenswertesten Adressen im Roussillon!

Domaine du Mas Rous ★–★★★

F-66740 Montesquieu

Seit 1978 bewirtschaftet José Pujol das 35 Hektar große Weingut im Albères-Tal. Mas bedeutet Bauerngehöft: Den zweiten Teil seines Namens verdankt es einem früheren Besitzer, Michel Bizern, der sich stolz Miquelo Ros, Michel der Blonde, nannte. Die Rebberge liegen auf Böden von Schiefer, Granit und Lehm, aber in nördlicher Ausrichtung, was sich in diesem von der Sonne verwöhnten Talkessel als Vorteil erweist und für Weine von ungewöhnlicher Finesse sorgt. José Pujol produziert ungemein fruchtige, vollmundige Rotweine der Appellation Côtes du Roussillon ❷, darunter eine in Eichenfässern ausgebaute Spitzencuvée namens «Réserve» ❸ mit hohem Syrah-Anteil, und einen schönen, aromatischen süßen Muscat de Rivesaltes ❷.

Château de Jau ★–★★★★

F-66600 Cases de Pène

Auf den letzten Ausläufern der Corbières, aber bereits mitten im tiefsten Katalonien, liegen die 134 Hektar Rebberge von Château de Jau. Seit 20 Jahren ist Jau zugleich Ausstellungsort zeitgenössischer Kunst, mit bekannten Künstlern wie Tapies, César und Appel. Jau, einer der Vorreiter der Qualitätsweine des Roussillon, bietet eine ganze Palette unterschiedlicher Weine an, darunter einen eleganten Weißwein ❷, einen fruchtigen, roten Côtes du Roussillon Villages ❷, einen herrlich konzentrierten Collioure ❹, der unter dem Namen «Clos des Paulilles» vertrieben wird, einen würzigen Muscat de Rivesaltes ❷ und einen Banyuls «Rimage» ❹ in der Art eines Jahrgangsports. Eine gute Adresse für Einsteiger.

Domaine Sarda Malet ⋆–⋆⋆⋆
F-66600 Perpignan

Die 51 Hektar dieses Weingutes liegen auf einer sanften Hügelkette im Süden der Stadt Perpignan. Heute wird es von Suzie Malet geleitet. Sarda Malet besitzt eine eindrückliche Sammlung aller großen Traubensorten des Languedoc-Roussillon, die mehrere höchst beeindruckende Weine ergeben. Der weiße Côtes du Roussillon ❷ aus Maccabeu, Marsanne und Roussane wird teilweise in Holzfässern bereitet und gerät besonders würzig und vollmundig. Besonders empfehlenswert sind aber die beiden roten Côtes du Roussillon, in einer fruchtigen, gefälligen Variante (weißes Etikett) ❷ und in einer herberen Variante mit Holzfassreifung (schwarzes Etikett ❸). Empfehlenswert sind auch die Süßweine der Appellation Rivesaltes: ein fruchtiger, würziger Muscat, ❷ und die portweinartigen «Ruby» ❷ und «Vintage» ❸.

Domaine Cazes ⋆–⋆⋆⋆⋆
F-66602 Rivesaltes

Zu Beginn dieses Jahrhunderts zählte die Domäne ganze 8 Hektar. Über 160 Hektar beträgt heute der Rebbesitz der Gebrüder Cazes, mit den traditionellen Sorten der Region bestockt, aber auch mit den internationalen Trendsorten Cabernet Sauvignon, Merlot und Chardonnay. Über zwanzig verschiedene Weine bieten die Brüder an. Ob einfache, preisgünstige Tafelweine ❶ oder lange gereifter Rivesaltes ❹ – alle Weine werden mit gleicher Sorgfalt und viel Sinn für Perfektion erzeugt. Besonders zu empfehlen sind die herrlich feinen, duftigen süßen Muscat ❷ und die alten Rivesaltes ❹ sowie der Rivesaltes vintage ❹ im Stile eines Jahrgangsports. Der rote Côtes du Roussillon ❷ ist das Paradebeispiel eines angenehmen, fruchtigen Tischweins für alle Gelegenheiten.

VIN DE PAYS D'OC

La Grange de Quatre Sous ⋆⋆–⋆⋆⋆⋆
F-34360 Assignan

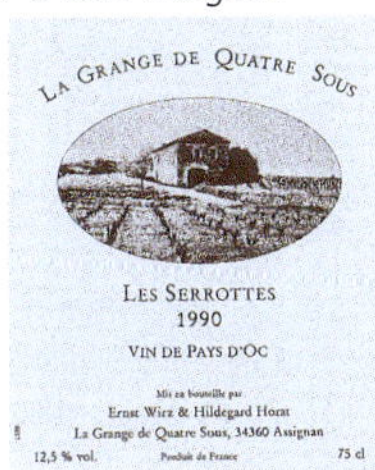

Als die beiden Schweizer Auswanderer Ernst Wirz und Hildegard Horat 1975 die halb zerfallene Vier-Groschen-Scheune (La Grange de Quatre Sous) erwarben, wurde dort schon lange kein Wein mehr erzeugt. Nach und nach pflanzten sie in ihren sechs Rebgärten in Assignan bei Saint Chinian neben den zugelassenen Varietäten Cinsault, für Rosé, und Syrah (für Rotwein), auch unverdrossen Cabernet Franc, Cabernet Sauvignon, Merlot, Malbec und Chardonnay an. Ihre roten Spitzencuvée «les Serottes» ❸ – saftig, herb, satt und lang anhaltend – gehört mit zu den besten Rotweinen der Region. Für Kenner und solche, die es werden wollen.

Mas de Daumas Gassac ⋆⋆⋆–⋆⋆⋆⋆⋆
F-31 000 Aniane

Aimé Guibert de la Vaissière hat das, was die Franzosen gemeinhin «un sacré caractère» nennen, einen Dickschädel. Denn Eigensinn und Charakter bewies der ehemalige Lederfabrikant, als er 1970 eine halb verfallene ehemalige Getreidemühle in einem wilden romantischen Hochtal bei Aniane im Département Hérault erwarb. Die Böden entpuppten sich als hervorragendes Weinbauterroir, Aimé

Guibert wechselte kurzerhand den Beruf und wurde zum erfolgreichen Weinmacher und zum eigentlichen Pionier des Qualitätsweinbaus der Region. Dank der Beharrlichkeit seines Schöpfers gehört der Rotwein des Mas de Daumas Gassac heute mit zu den teuersten und gesuchtesten Weinen Frankreichs. ❺ Besonders interessant ist auch der weiße Daumas Gassac. ❹ Preis und Prestige machen sie allerdings zu einem Wein für Kenner und Liebhaber.

MAURY

Les Vignerons de Maury ★–★★★★
F-66460 Maury
Die Winzergenossenschaft Maury zählt 227 Mitglieder und verarbeitet die Ernte von fast 1500 Hektar Reben. Sie ist 1974 aus dem Zusammenschluss dreier Produktionskooperativen entstanden. 80 Prozent der Produktion betrifft Süßweine der Appellation Maury, daneben wird auch etwas Muscat de Rivesaltes, Côtes Roussillon Villages und weißer Côtes Roussillon erzeugt ❷. Die Winzergenossenschaft von Maury zählt zu den besten ihrer Art in Frankreich. Einen Namen gemacht hat sie sich nicht nur mit ihrer lange gereiften, portweinähnlichen «Cuvée Chabert de Barbéra» ❹, sondern auch ihren Maury mit Jahrgang ❸ und dem jungen, süßen «Pollen». ❷ Letzterer passt zum Aperitif, erstere wird man zu Häppchen reichen oder zu einem Schokoladenkuchen! Die vernünftigen Preise machen den Betrieb zu einer guten Adresse sowohl für Einsteiger als auch für Kenner.

Mas Amiel ★★–★★★★
F-66460 Maury
Die Geschichte ist unglaublich, aber wahr: vor 200 Jahren gewann ein Brückenbauingenieur namens Raymond Etienne Amiel im Spiel gegen den Bischof von Perpignan ein Domäne mit 80 Hektar Rebbergen und Hügeln inmitten einer gottverlassenen, wilden Gegend. Im Laufe der Jahrzehnte vergrößerte sich der Rebbesitz, von denen einige Parzellen in Steillage mit bis zu 40 Prozent Gefälle liegen, auf die heutigen 155 Hektar. Die Rebstöcke besitzen ein hohes Durchschnittsalter von 40 bis 50 Jahren, was sich auf die Erträge auswirkt, die mit rund 23 Hektoliter pro Hektar, etwa 3 Gläser pro Pflanze, äußerst niedrig sind, gleichzeitig aber Garant für hohe Konzentration und Aromareichtum. Der besondere Stolz von Mas Amiel ist der Park von 2000 bauchigen Korbflaschen, in denen der Wein im ersten Jahr reift, und dabei Wind und Wetter ausgesetzt ist. Danach kommt er 4 bis 15 Jahre in hundertjährige so genannte Fuder, große Holzfässer aus österreichischer Eiche zum Reifen. Kennzeichen der Weine von Mas Amiel – ob es sich nun um den 15 Jahre gereiften ❸, oder den Maury Vintage mit Jahrgang ❹ handelt – ist die Würze und die große Eleganz trotz der Süße. Die Adresse für Kenner mit beschränkten Mitteln.

BANYULS

Ein Name, drei Domänen: Parcé heißen die Verantwortlichen gleich dreier (im übrigen völlig unabhängiger) Spitzenbetriebe in Banyuls. Wer auf Parcé setzt, setzt daher immer richtig.

Domaine de la Rectorie ★★–★★★★
F-66650 Banyuls sur Mer

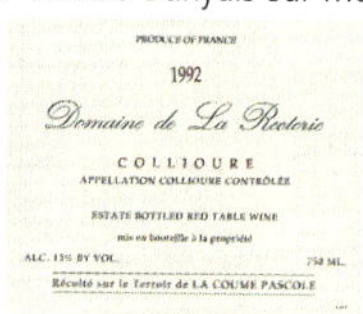

Als die Brüder Marc und Thierry Parcé 1978 den Familienbetrieb erbten, führten sie damit die Arbeit ihrer Großmutter Thérèse fort, die nach dem frühen Tod ihres Mannes bis 1969 das Gut verwaltete. Marc, berüchtigt für sein katalanisches Temperament, ist Verantwortlicher für den Rebberg, während Thierry sich der Arbeit im Keller widmet. Innerhalb der letzten 14 Jahre sind beide zu eigentlichen Spezialisten für die Herstellung von Banyuls mit Jahrgang und herrlich würzigen Collioure (erinnern wir uns: so werden die trockenen Rotweine von Banyuls und Umgebung genannt) geworden. Besonders empfehlenswert die Collioure-Cuvée «Coume Pascole», ❹ konzentriert, kräftig, aromatisch sowie die Cuvée Leon Parcé, ❹ ein eleganter, und raffiniert-süßer Wein, dem nichts von der Schwere eigen ist, die viele Weinfreunde an den traditionell gekelterten Banyuls stört. Ein eigenwilliger Wein für Kenner.

Domaine du Mas Blanc ★★–★★★★
F-66650 Banyuls sur Mer
Seit 1635 ist Mas Blanc schon im Besitz der Familie Parcé. Vater und Sohn bewirtschaften 20 Hektar in den Appellationen Coullioure und Banyuls. Die Erträge sind gering und liegen zwischen 20 und 30 Hektolitern pro Hektar. Mas Blanc ist bekannt für seine betont klassisch gehaltenen Banyuls. ❸ ❹ Dazu gehört auch der eigenwillige «Rancio», ❸ ein idealer Begleiter zu schwarzer Bitterschokolade, die man nach dem Kaffee genießt.

Domaine Parcé ★★–★★★★
F-66670 Bages
Für viele Weinfreunde ist André Parcé die Reinkarnation des Banyuls. Nach einer Karriere als Genossenschafter füllt der Arzt und Biologe seine Weine seit 1982 selber ab. Um den hohen persönlichen Ansprüchen gerecht zu werden, krempelte André Parcé den Rebbau auf seinen mittlerweile 35 Hektar Rebbergen völlig um und ersetzte alle Massenträger durch qualitativ hoch stehende Sorten. Neben den ausgezeichneten Banyuls und den eigenwilligen Collioure produziert die Domäne ebenfalls Weine der Appellationen Côtes de Roussillon, ❸ Muscat de Rivesaltes ❷ und Rivesaltes ❸.
Die trockenen Collioure ❸ werden zu großen Teilen aus den Sorten Mourvèdre und der fast vergessenen Counoise gekeltert. Dies verleiht ihnen einen ganz besonderen, unvergleichlichen Ausdruck, macht sie aber auch eher zu Weinen für Kenner, die hier ein ganz neues Geschmacksabenteuer erleben können. Die kräftigen, vollmundigen und reichhaltigen süßen Banyuls ❸/❹ halten allen Vergleichen mit dem weitaus bekannteren Portwein stand. Der einem Jahrgangsport ähnliche Rimage ❹ etwa kann fast unbeschränkt reifen. Eine Adresse für Kenner.

Weitere Betriebe, die Banyuls produzieren, siehe auch unter Côtes du Roussillon.

ANMERKUNGEN ZUM GUIDE

Was ist eine Cuvée? Eigentlich eine Komposition, eine Mischung von verschiedenen so genannten Grundweinen, diese wiederum aus unterschiedlichen Sorten oder aus Weinen unterschiedlicher Böden zusammengesetzt. Bezeichnet heute einfach die verschiedenen Weine, die ein Gut im Angebot hat. «Cuvée tradition» meint dabei meist die einfachste und preisgüstigste Variante eines Weines, «Cuvée spéciale» oder «Cuvée élevée en futs de chêne» die teuerste und beste.
Wie sind die Preissymbole zu verstehen?
Da häufig ein großer Unterschied zwischen den Preisen vor Ort und denen im Ausland besteht, viele Weine aber nur direkt erhältlich sind, haben wir die Preise der jüngsten erhältlichen Jahrgänge ab Gut auf deutsche und Schweizer Verhältnisse aufgerechnet. Vor Ort können die Weine also günstiger sein als hier vermerkt.

Gut einkaufen

Einfache Weine des Languedoc sind schon für weniger als 10 DM erhältlich. Die 30-DM-Schwelle überschreiten hingegen auch teuersten Gewächse nur selten. Für 15 bis 25 DM erhält man somit Weine der Spitzenklasse, nicht nur Rot- und Weißweine, sondern auch Süßweine und Sekt. Die Weine des Südens sind somit Weine für Kenner mit beschränktem Budget.

WO EINKAUFEN

Sonderangebote in Großverteilern können interessant sein, besonders wenn man sich von einem kompetenten Verkäufer beraten lassen kann – denn man muss sich auskennen, will man sich nicht Zweitklassiges oder Zweifelhaftes andrehen lassen. Hier gilt auf jeden Fall: zunächst eine Flasche kaufen und probieren, erst dann größere Mengen erwerben! Ein kompetenter Fachhändler ist eine fast unschätzbare Hilfe, um sich in der Vielfalt der Weine aus Frankreichs Sonnenstube zurechtzufinden.

Im Weinfachgeschäft
Fast jedes Fachgeschäft hat sein oder seine Spezialgebiete. Sie sollten in unserm Fall nach einem Südfrankreich-Spezialisten Ausschau halten. Ideal ist natürlich, wenn Sie sich «Ihren» Weinhändler aufbauen und einen Fachmann zur Hand haben, dem Sie vertrauen. Als Stammkunde wird er Sie bevorzugt behandeln, er wird sich Zeit zum Fachsimpeln nehmen und Ihnen wertvolle Tipps vermitteln, besonders wenn er seine Lieferanten persönlich kennt.
Der Einkauf beim Versender oder an Weinmessen ist im Falle dieser noch zu wenig bekannten Weine nur nach einer Vorkostung zu empfehlen.

EINKAUF VOR ORT

Im Falle der Weine des Languedoc-Roussillon die beste und günstigste Art des Einkaufs. Die besten Weine kommen nicht immer in den Export und die Winzer verkaufen praktisch alle direkt.

In den Weingeschäften vor Ort
Auch hier sind die Preise fast immer günstiger als in der Heimat. Allerdings muss man etwas Französisch verstehen, um sich gut und kompetent beraten zu lassen.

Beim Kauf im Weingebiet denken Sie bitte daran, dass der Transport im Kofferraum des Wagens, der bei sommerlicher Hitze unglaublich

Beurteilung der Einkaufsquellen

Einkaufsquelle	Auswahl	Preise	Verkostung	Beratung	Service
Weingut Erzeuger	minimal	günstig	ideal möglich	sehr gut	gut
Fachgeschäft im Weingebiet	regional maximal	günstig bis normal	beschränkt möglich	gut bis sehr gut	gut
Weinfachhandel	gut	eher hoch	gut bis sehr gut möglich	gut bis sehr gut	sehr kulant
Weinversender	zufriedenstellend	eher hoch	nur über Probebestellung	gut	sehr kulant
Verbrauchermarkt	zufriedenstellend im untern Preisbereich	günstig	kaum möglich außer bei Aktionen	minimal	minimal
Messen	sehr unterschiedlich je nach Messe	eher hoch	in der Regel gut möglich	normal bis sehr gut	normal

heiß wird, dem Wein schaden kann. Führen Sie also ihre kostbare Fracht nicht tage- oder gar wochenlang darin herum. Im (klimatisierten) Wageninnern sind die Verhältnisse klar besser.

EINKELLERN

Zwar dürfen die besten Rotweine des Südens einige Jahre reifen – sie müssen aber nicht und schmecken meist schon zwei, drei Jahre nach der Ernte ausgezeichnet. Diese Tatsache kommt besonders denen gelegen, die keinen eigenen Weinkeller besitzen! Sie dürfen also getrost immer nur die gerade benötigte Menge ein kaufen. Weil ein Weinhändler normalerweise sogar mehrere Jahrgänge auf Lager hat, lässt man sich zu dem raten, der gerade am besten schmeckt, trägt ihn nach Hause, lässt ihn ein, zwei Tage aufrecht ruhen und bringt ihn auf die Tafel.
Wer hingegen gerne Weine lagert, überlege sich seinen Jahresbedarf und multipliziere ihn mal vier, die durchschnittliche Trinkreife der Languedoc-Weine. Mehr sollte er nicht im Keller haben, denn die Gefahr, plötzlich mit Weinleichen zu leben, ist erheblich.
Von Weißwein und Schaumwein schaffe man sich etwa einen Jahresbedarf an, Süßweine hingegen, soviel man will. Letztere halten sich fast unverändert, und das jahrzehntelang, werden kaum besser, aber auch nicht schlechter.
Alle Weine sollten unter Lichtabschluss in einem nicht zu trockenen Ort reifen und keinen großen Temperaturschwankungen ausgesetzt sein. Ob es im Winter kalt wird und im Sommer relativ warm, ist dabei nicht so wichtig (6 bis 18 Grad ist dabei ein annehmbarer Toleranzwert) Wichtig ist hingegen, dass der Übergang gemächlich und nicht sprunghaft erfolgt und die Temperatur nicht dauernd wechselt. Desgleichen gilt: lieber ein zu feuchter Keller als ein zu trockener. Wer keinen Keller besitzt, kann sich auch mit einem Weinklimaschrank behelfen, der heute bereits ab etwa 600 DM erhältlich ist.

FRAGEN AN DEN VERKÄUFER

Über die generellen Punkte der Weine des Languedoc, wie Weintypologie, Weinzonen AOC oder Jahrgänge wissen Sie jetzt dank diesem Band bestens Bescheid. Was Sie erfragen sollten, sind Einzelheiten und Eigenheiten eines Produzenten und seiner Weine.

- Zu den Traubensorten: Welche sind zu welchen Anteilen in diesem Wein enthalten, sofern dies nicht auf dem Etikett steht?
- Was ist spezifisch für das Terroir des Betriebs, für Kulturform und die Pflanzdichte der Reben?
- Zum Faktor Umwelt: Wie wird produziert: traditionell, integriert (IP/umweltverträglich) oder biologisch?
- Zur Ernte: Wurden die Trauben handgelesen oder maschinell geerntet?
- Zur Weinbereitung: Lassen Sie sich über Maischezeit und Vergärung informieren.
- Zum Ausbau: Wie lange war der Wein im Tank, im Holzfass oder in der Barrique?
- Zum Produzenten: Wie groß ist der Betrieb? Wie alt ist er? Welches ist er Werdegang des Winzers, wer sind seine Berater (Önologen)?
- Zum Jahrgang: Gab es beim Erzeuger allfällige Besonderheiten in diesem Jahr?
- Zum Wein: Was sind die Charakteristiken und zu welchen Gerichten empfiehlt er sich?
- Zur Lagerfähigkeit: Wann ist die optimale Trinkreife erreicht. Wieviel Jahre kann er maximal gelagert werden?
- ★ Wieviel Flaschen wurden von diesem Wein abgefüllt?
- ★ Zu Auszeichnungen: Hat das Weingut oder der Wein irgendwelche Auszeichnungen erhalten oder Prämierungen gewonnen?

Detaillierte Informationen über den Einkauf von Wein finden Sie im Vinoteca-Band «Einkaufs-Guide Wein».

Klug einkellern: Languedoc-Weine

Auf diesen Seiten vermitteln wir Ihnen einige Anregungen und Ratschläge für den Einkauf von Weinen aus dem Languedoc-Roussillon und den Aufbau eines kleinen Vorrats oder gar einer südfranzösischen Abteilung in Ihrem Weinkeller.

Zur Einkaufsplanung

Am besten legen Sie sich einen Einkaufs- oder Einlagerungsplan zurecht. Anhand des kleinen Schemas unten können Sie dann Ihren Jahresbedarf an Flaschen und das erforderliche Budget abschätzen.

Kreuzen Sie bei jedem Punkt im Schema an, was für Sie zutrifft, und setzen Sie in der letzten Kolonne die über den Spalten genannten Punktzahlen ein:

	3	2	1	Punkte
Stellenwert des Languedoc	hoch	mittel	gering	
Eigene Lagermöglichkeiten	Ideal	beschränkt	gering	
Weinkonsum pro Woche	mehr als 5 Fl.	bis 5 Flaschen	bis 2 Flaschen	
Total Punkte				

Aufgrund der Punktzahl haben wir Ihnen einige Vorschläge ausgearbeitet, die sie natürlich noch ganz nach Ihren eigenen Vorlieben und Bedürfnissen variieren können.

8–9 Punkte

Sie sind ein ausgesprochener Südfankreich-Fan und Weinfreak zugleich. Für Sie kommt nur das Beste in Frage. Richten Sie in Ihrem Weinkeller eine Ecke dafür ein und pflegen Sie diesen Vorrat. Unser Einkaufsvorschlag:

30 Flaschen Alltagswein trinkreif
(12 Rote, 6 Rosés, 12 Weiße) 🍷🍷🍷 DM 300.–
Sonntagsweine, trinkreife Jahrgänge
12 Flaschen festlicher Rotwein 🍷 DM 200,–
Lagerweine für große Gelegenheiten
12 Flaschen Lagerweine 🍷 DM 300,–
6 Süßweine und Crémants 🍷 DM 200,–
60 Flaschen total DM 1000,–

5–7 Punkte

Sie haben viel übrig für die Region und deren Weine. Sie sollten einen schönen Querschnitt an Gewächsen im Vorrat haben.

18 Flaschen Alltagsweine, rot, weiß, rosé 🍷🍷🍷 DM 200,–
6 Flaschen Sonntagsweine (trinkreif) 🍷 DM 100,–
6 Flaschen Süßweine und Crémants 🍷 DM 200,–
30 Flaschen total DM 500,–

3–4 Punkte

Südfrankreich ist für Sie eine Weingegend unter vielen. Sie werden sich also einige schöne Flaschen bereit halten und wenn immer Sie die Lust überkommt, eine davon entkorken.

6 Flaschen Trinkweine 🍷🍷🍷 DM 60,–
3 Flaschen Sonntagsweine 🍷 DM 50,–
3 Flaschen Süßweine und Crémants 🍷 DM 100,–
12 Flaschen total DM 210,–

Vom Service der Weine des Languedoc-Roussillon

Die einfachen, leichten Weißweine, Rosés und Rotweine serviert man direkt aus der Flasche. Sie sollen in den ersten zwei Jahren nach der Ernte getrunken werden. Ein Tulpenglas, wie man es für einfache Bordeaux verwendet, eignet sich am besten für den Service.

Die richtige Ausschank-Temperatur

Rosés und Weißweine kommen relativ kühl auf den Tisch (also mit 8 bis 10 Grad). Ausnahme: die fülligen, fruchtigen Chardonnays aus Limoux, die man besser bei 12 bis 14 Grad kredenzt. Leichte Rotweine kommen leicht gekühlt auf den Tisch, also bei 14 bis 16 Grad.

Um die ideale Temperatur halten zu können, stellt man die Flasche mit Vorteil in einen Doppelwand-Kühler, der ohne Eis und Wasser auskommt (Bild unten).

Die großen Rotweine des Languedoc wird man aus der Karaffe servieren, damit sie ihre Aromen voll entwickeln können. Am besten entkorkt man den Wein einige Stunden vor dem Service, prüft ihn auf seine Reintönigkeit und verschließt ihn wieder mit dem rasch gereinigten Korken. In die Karaffe kommt er erst eine Stunde vor dem Service.

Ein elegantes Tulpenglas (wie für Bordeauxweine) ist den bauchigen Schwenkern vorzuziehen, wie man sie etwa für Burgunder empfiehlt.

Das Servieren von Süßwein

Alte Süßweine serviert man bei 16 Grad aus der Karaffe. Ein kleines, tulpenförmiges Porto- oder Sherryglas (siehe Abbildung Seite 28) ist am besten geeignet. Süßer Muskateller hingegen wird direkt aus der Flasche ausgeschenkt, die man – besonders im Sommer und im Freien genossen – im Eiskübel servieren kann wie einen Champagner oder Sekt.

Die Vinoteca-Empfehlungen

Hier sind einige Beispiele von Weinen durch alle Preislagen und Kategorien, die sich durch zuverlässige Qualität und Preiswertigkeit auszeichnen. Sie werden alle in größeren Mengen erzeugt, sodass die Chancen gut stehen, sie im Handel (Bezugsquellen S. 77) zu finden. Für Verfügbarkeit und Preisangaben kann allerdings keine Garantie übernommen werden. Die Qualität kann je nach Jahrgang leicht schwanken, die Preise können je nach Verkaufsort variieren.

Weinname	Weincharakter	Qualität	Preise	Lagerfähigkeit	Beispiele zum Essen
Listel gris de gris/blanc Vin de sable du Golfe du Lion	frischer, fruchtiger Rosé und Weißwein	★	❶ – ❷	jung zu trinken	Sommerwein, Aperitif, Umtrunk
Cuvée Ludovic Gaujal Domaine Gaujal Picpoul de Pinet Bordeaux sup.	aromatischer, frischer Weißwein	★★	❶	optimale Trinkreife 1–2 Jahre	zu Fisch und Meeresfrüchten
Sieur d'Arques Crémant de Limoux	Schaumwein von der Qualität eines Champagners	★★★	❸ – ❹	optimale Trinkreife: sofort trinken	zum Aperitif, zum Umtrunk
Paradines Domaine Henri Coteaux du Languedoc	einfacher, gut gemachter, gefälliger Rotwein	★★	❶ – ❷	optimale Trinkreife 1–3 Jahre	ausgezeichneter Alltagswein für alle Gelegenheiten
Château Cabrières Coteaux du Languedoc	eleganter, fruchtiger, samtener, hochklassiger Rotwein	★★★★	❸	optimale Trinkreife 4–12 Jahre	fürs Familienfest, begleitet Grilladen, Geflügel und Wild
Copa Santa Pierre Clavel Coteaux du Languedoc	vollmundiger, reichhaltiger, fruchtiger, satter Rotwein	★★★★	❸	optimale Trinkreife 4–8 Jahre	für den Sonntag, fürs Fest, passt zu den meisten Fleischspeisen
Mas Brughière Coteaux du Languedoc	kräftiger, vollmundiger, kantiger Rotwein	★★★★	❸ – ❹	optimale Trinkreife 4–10 Jahre	zu kräftigen Fleischspeisen, Grilladen, Wild
Château des Estanilles Fougères	eleganter, unerhört saftiger und fruchtiger Rotwein	★★★★	❸ – ❹	optimale Trinkreife 4–12 Jahre	zu Geflügel, fürs Fest
Château Hélène Cuvée Ulysse Corbières	eleganter, bekömmlicher, verführerischer Rotwein	★★★★	❸ – ❹	optimale Trinkreife 4–8 Jahre	zu Grilladen, Wild, fürs Familienfest
Muscat de Rivesaltes Domaines Cazes	süßer, goldener, nach Rose und Lychee duftender Wein	★★★	❸	zu trinken	zum Aperitif, Umtrunk, zu Desserts
Maury Vintage Mas Amiel Maury	Vollmundiger, roter Süßwein, Typ und Qualität Portwein	★★★★	❸ – ❹	lagert eine Ewigkeit, schmeckt aber auch jung getrunken	zu Schokolade, Schokoladendesserts

BEZUGSQUELLEN

Weinfach-und Weinversandgeschäfte mit gutem Languedoc-Roussillon-Sortiment
(* überregionale Anbieter oder Versender):

52066 Aachen, Caves d'Aix & La Table
Tel. 0241/507098
10711 Berlin, Grand Vignoble - Wein und Delikatessen, Tel. 030/8935982
10711 Berlin, Wein & Keller – Réné Freiherr von Godin Tel. 0172/3103175
28203 Bremen, Gute Weine, Heiner Lobenberg
Tel. 0421/705545
28217 Bremen, Ludwig von Kapff*
Tel. 0421/3994300
86807 Buchloe, Alpina *,
Tel. 08241/500547
40219 Düsseldorf, Jacques' Wein-Depot*
Tel. 0211/390020, Fax 0211/3900255
44149 Dortmund, Mövenpick Weinland*
Tel. 0231/965156
45130 Essen, Rouge & Blanc,
Tel. 0201/781881
45134 Essen, Wein Galerie
Tel. 0701/4308820
45309 Essen, Weinzeche
Tel. 0201/550024
91054 Erlangen, Weinträdler
Tel. 09131/27180
73033 Göppingen, Vino Teca Georg Weidemann
Tel./Fax 07161/684798
20357 Hamburg, Pinot Gris OHG,
Tel. 040/4399701
47799 Krefeld, Vom Ende-Pohl GBR
Tel. 02151/25656, Fax 02151/28884
50667 Köln, Fegers & Unterberg & Berts FUB*
Tel. 0221/258-1530/1631, Fax 0221/96935925
51069 Köln, Dellbrücker Weinhaus Lorenz
Tel. 0221/684466
77694 Kehl am Rhein, France Vinicole,
Tel. 07851/74010
35037 Marburg, Weincontor – H.-J. Becker
Tel. 06421/163344
41066 Mönchengladbach, Jacques' Wein-Depot
Tel. 02161/632290
88709 Meersburg, Georg Hack – Haus der guten Weine, Tel. 07532/9097
72770 Reutlingen, Weinhaus Schall – Karl Schall
Tel. 07121/95070
53721 Siegburg, Fegers & Unterberg & Berts*
Tel. 02241/96510
73614 Schorndorf, Hardy's Feine Weine – Blücher
Tel. 07181/24535
89073 Ulm, Weinforum Manfred Böhm,
Tel. 0731/27772
89077 Ulm, Wein-Bastion – Herbert Kretschmer
Tel. 0731/66993
25436 Tornesch, Hawesko Hanseatisches Wein und Sekt-Kontor *, Tel. 04122/50400
79576 Weil a/Rhein, Schuler-Weine*
Tel. 0800/8844774

Lebensmittelhandel mit gutem Languedoc-Roussillon-Angebot:
Globus, Dohle/Hit, Karstadt/Hertie, KaDeWe, Kaufhof Galeria, Wertkauf, Handelshof, Famila/cittl, Real, Ratio Cash & Carry, AVA/Edeka mit Marktkauf und dixi.
Gut in Preis und Leistung unter 10,– DM:
Aldi, penny, hl und minimal.

Schweiz: Coop, Pick-Pay, vis-à-vis, Familia

Österreich: Merkur, Mein Gourmet, Wein&Co.

Weitere Bezugsquellen finden Sie im Internet unter der Adresse: www.vinoteca.falken.de

ADRESSEN IM LANGUEDOC ROUSSILLON

Vorwahl Frankreich 0033

Tourismus allgemein

34000 Montpellier,
Office de Tourisme de la région de Montpellier
Esplanade Comédie,
30 allées Jean de Lattre de Tassigny
Tel. 04 67 60 60 60
Fax 04 67 60 60 61

11100 Narbonne,
Office de Tourisme
place Roger Salengro
Tel. 04 68 65 15 60
Fax 04 68 65 59 12

66000 Perpignan,
Office du Tourisme
place Armand Lanoux
Tel. 04 68 66 30 30
Fax 04 68 66 30 26

WEINFACHHANDEL

im Languedoc Roussillon

Es sei an dieser Stelle noch einmal darauf hingewiesen, dass Direktkauf fast auf allen Domänen möglich ist. Für Eilige empfehlen wir folgende Adressen mit gutem Sortiment und kompetenter Beratung:

34000 Montpellier,
Les Caves Gambetta
16, cours Gambetta
Tel. 04 67 92 56 66

34000 Montpellier,
Caves Notre Dame
41, rue de l'Aiguillerie
Tel. 04 67 65 31 76

34070 Lattes, Mas Saporta
Tel. 04 67 06 04 44
Fax 04 67 58 05 15
Die beste Adresse zum Kauf von Weinen aus der Region. Gutes Sortiment, gute Beratung, Möglichkeit zur Verkostung und Preise wie ab Gut.

FÜR WEININFORMATIONEN

11100 Narbonne,
Conseil Interprofessionnel des A.O.C. du Languedoc,
9, cours Mirabeau
Tel. 04 68 90 38 30
Fax 04 68 32 38 00

66000 Perpignan
GIP Côtes du Roussillon
& Côtes du Roussillon Villages,
19, avenue de Grande Bretagne
Tel. 04 68 51 31 81
Fax 04 68 34 88 88

34070 Lattes
Syndicat des Vignerons
des Coteaux du Languedoc,
Mas Saporta
Tel. 04 67 06 04 44
Fax 04 67 58 05 15

Im FALKEN Verlag sind zahlreiche Titel zum Thema «Wein» erschienen. Sie finden sie überall dort, wo es Bücher gibt.

Sie finden uns im Internet:
www.falken.de und www.vinoteca.falken.de

Dieses Buch wurde auf chlorfrei gebleichtem und säurefreiem Papier gedruckt.

Der Text dieses Buches entspricht den Regeln der neuen deutschen Rechtschreibung.

ISBN 3 8068 7444 1

Umschlaggestaltung: Peter Udo Pinzer
Gestaltung: Peter Jaray, Zürich
Konzept: Dr. Gerhard Kebbel
Redaktion: Barbara Fleig
Lektorat: Thomas Wieke, Idstein
Herstellung: Daniel Moosberger, Oensingen
Umschlagfoto: Fotografie Friedemann Rink/Susa Kleeberg, Naurod
Fotos und Illustrationen im Innenteil:
Vinum, das internationale Weinmagazin

Litho und Satz: Offset-Satz AG, Zürich
Druck: Druckerei Uhl, Radolfzell

817 2635 4453 6271